Dr. Oetker SCHNELLKOCHTOPF

Rezepte
aus der Versuchsküche
der Firma
Dr. August Oetker
Bielefeld

SCHNELL-KOCHTOPF

Ceres Verlag
Rudolf August Oetker KG.
Bielefeld

In diesem Buch finden Sie Hinweise auf Erzeugnisse
der Fa. WMF, Geislingen

Graphische Gestaltung und Illustrationen: Hans-Jürgen Geyer, Bielefeld
Fotos: „Der Fotograf", Bielefeld · Studio Büttner, Bielefeld
Food-Styling: Eike Upmeier, Bielefeld
Rezeptbearbeitung: Versuchsküche Dr. August Oetker, Bielefeld
Leitung: Marie-Louise Haase
Redaktion: Gisela Knutzen, Bielefeld
Gesamtherstellung: J. D. Broelemann GmbH & Co., Bielefeld

Printed in Germany
2. Auflage
ISBN 3-7670-0099-7

INHALTSÜBERSICHT

GANZ MODERN: SCHNELLTOPF-KOCHEN

Das Ernährungsbewußtsein der Menschen gewinnt an Wichtigkeit. Allerorts liest und diskutiert man über Gewicht, Kalorien, über Lebenserwartung und Ernährung, über Gesundheit und manchmal notwendige Diät, das bedeutet gesundheitsfördernd, bekömmlich, aber auch wohlschmeckend zu kochen.

Ebenso wichtig ist es, daß Energie, Geld, Zeit und Arbeitskraft sparsam und rationell eingesetzt werden.

Mit dem Schnellkochtopf wird gleich beides möglich.

Viele Hausfrauen haben vielleicht Bedenken, mit einem solch technisch anmutenden Gerät umzugehen. Keine Angst: Alle auf dem Markt angebotenen qualitativ hochwertigen Schnellkochtöpfe sind völlig sicher und leicht zu handhaben. Das rechte „Wie“ und „Was“ erfahren Sie in den folgenden Kapiteln.

Alle Rezepte sind für 4 Personen berechnet.

GESUNDHEITSFÖRDERND KOCHEN – SCHNELLKOCHEN!

Das Wichtigste vorab: Kaum eine andere Zubereitungsmethode ermöglicht ein so problemloses gesundheitsförderndes Kochen wie das Schnellkochen. Lesen Sie, wieso.

Die mit den Speisen aufgenommenen Hauptnährstoffe und Kalorienträger, also Eiweiß (Protein), Fett und Kohlenhydrate, reichen unserem Körper bei weitem nicht zum Leben aus. Er benötigt überdies eine Fülle organischer „Zutaten", uns als Vitamine bekannt, und anorganischer Elementspuren, die Mineralstoffe.

Die wichtigsten Mineralstoffe sind Natrium, Kalzium, Kalium, Phosphor, Magnesium, Chlor und Eisen. Diese chemischen Elemente finden sich überall im Körper, z. B. im Skelett und in den Zähnen. Sie sind Bestandteile der Körperflüssigkeiten, regeln deren Druckverhältnisse und helfen darüber hinaus bei der Verwertung der aufgenommenen Nahrung, indem sie verschiedene Verdauungssäfte, die Fermente oder Enzyme, aktivieren. Bei vernünftiger Ernährung macht die regelmäßige Ergänzung dieser Stoffe kaum Schwierigkeiten. Ganz anders ist es jedoch mit den Vitaminen.

Zwar scheint unser täglicher Bedarf an Vitaminen gering. Probleme ergeben sich aber daraus, daß der Körper selbst keine Vitamine bilden kann. Sie müssen ihm immer neu mit der Nahrung zugeführt werden. Wird diese Forderung mißachtet, kommt es zu Vitaminmängeln, die gleich eine ganze Summe von Schäden verursachen können, so z. B. fehlende Widerstandskraft bei Infektionen, schlechte Wundheilung, schwacher Knochenbau, Parodontose, Müdigkeitserscheinungen, Gedächtnisschwäche und so weiter. Alle diese lebenserschwerenden Begleiterscheinungen könnten vermieden werden, wenn ... Aber gerade dieses „Wenn" verkennt man häufig in seiner Wichtigkeit.

So wird häufig noch der Fehler gemacht, Speisen bei der Zubereitung zu lange und zu stark zu garen. Fast alle Lebensmittel – vor allem Gemüse – verlieren dabei weit mehr als „nur" Schmackhaftigkeit, Aroma und Farbe. Wertvolle Vitamine, vor allem das Vitamin C, werden dabei rigoros zerstört.

Im Hinblick auf die äußerst wesentliche Vitaminzufuhr sind solche Gerichte fast wertlos. Mehr noch, sie werden zur Gefahr, weil man sich arglos der Meinung hingibt, seinen Körper mit allem Nötigen ausreichend versorgt zu haben.

Die beste Hilfe ist da tatsächlich das Garen im Schnellkochtopf, vorausgesetzt, man geht auch richtig damit um. Die mit dieser Methode ermöglichten kurzen Garzeiten schonen vor allem die Vitamine und ganz nebenbei auch noch Aroma und Farbe und gewährleisten Schmackhaftigkeit.

Vor allem ist dabei zu beachten, daß die verschiedenen Lebensmittel auch im Schnellkochtopf verschiedener Garzeiten bedürfen! So sollten niemals Fleisch und Gemüse – z. B. bei einem Gemüsetopf – zur gleichen Zeit aufgesetzt werden, denn fast alle Gemüsearten benötigen im Schnellkochtopf nur eine Garzeit von 5–10 Minuten, während Fleisch 15–25 Minuten braucht.

Hinweise zur sachgerechten und gesundheitsfördernden Ausnutzung aller Möglichkeiten der Schnellkochmethode finden Sie in diesem Buch.

Darüber hinaus empfehlen wir Ihnen, sich auch weitergehend über alles Wissens- und Beachtenswerte der Ernährungslehre zu informieren. Das können Sie im „Großen Dr. Oetker Kochbuch" und im „Dr. Oetker Schulkochbuch". Beide sind erschienen im Ceres-Verlag Rudolf-August Oetker KG, Bielefeld.

Und nun viel Freude und Erfolg beim Ausprobieren einer rationellen, Zeit und Geld sparenden Kochmethode, deren Anwendung vor allem Ihrer und Ihrer Familie Gesundheit dienlich ist.

WISSENSWERTES ÜBER DEN SCHNELLKOCHTOPF UND SEINE TECHNIK

Das Wichtigste beim Schnellkochen ist der richtige Topf. Zu große Sparsamkeit bei der Anschaffung kann langfristig schädlich sein. Materialgüte und beste Verarbeitung sind gerade hier wesentliche Voraussetzungen für den dauerhaften Erfolg. Ob man sich für Töpfe aus hochwertigem Stahlemail oder rostfreiem Edelstahl (Cromargan) entscheidet, ist zunächst eine Frage des Geschmacks. Emailgeräte sind farbiger, modischer. Rostfreier Edelstahl gewährleistet hervorragende Gebrauchseigenschaften. Er ist hygienisch, robust, schlagfest und völlig unempfindlich gegen jede Art von Speisesäuren. Die Vorteile beider Materialarten bietet ein Edelstahl-Schnellkochtopf mit Emailmantel.

Das Wichtigste beim Schnellkochen ist, wie erwähnt, der richtige Topf! Nur qualitativ hochwertige Geräte haben den entscheidenden „Bodeneffekt", der die optimale Ausnutzung des Geschirrs erst zuläßt: ein plangeschliffener Sandwichboden mit Leichtmetallkern hält und verteilt die Temperatur besonders gut.

Als nächstes fällt der Topfrand auf. Mehrere kleine Laschen passen in die entsprechenden Aussparungen des Deckels und gehören zu dem absolut sicheren Bajonettverschluß. Überhaupt kommt dem Deckel besondere Bedeutung zu, denn er ist Träger der eigentlichen „Technik". Außer dem zuverlässigen Griff mit einer Verschlußsicherung zählen dazu als wesentliche Elemente, die natürlich besonders sorgfältig gepflegt werden sollten, Gummidichtung und Koch- bzw. Signalventil. Eine Neuentwicklung macht der Hausfrau die Arbeit noch leichter und das Schnellkochen noch sicherer: Ein Abdampfregler mit Verschlußregelung verhindert Fehler, wie unsachgemäßes Schließen oder versehentliches Öffnen des Topfes unter Druck. Mit ihm ist auch das Schnellabdampfen einfacher.

Im Ventilgehäuse, ganz gleich ob in der Topfmitte oder am Griff, lagert ein gefederter Signalstift, der je nach den Druckverhältnissen sichtbar nach oben austritt (siehe Schaubild). Zeigt er einen Ring, ist im dicht verschlossenen Topf ein Druck von 0,5 bar erreicht. Die Temperatur beträgt jetzt rd. 110 °C. Sofern das Rezept diese Garstufe vorschreibt, beginnt nun die Garzeit: Es gilt jetzt, die Kurzzeituhr, ein unabdingbares „Handwerkszeug" des Schnellkochens, einzuschalten, die Temperatur zu drosseln und so zu regulieren, daß der erreichte Ventilstand erhalten bleibt.

Wenn die Hitze beim Sichtbarwerden des ersten Rings nicht vermindert wird, steigen Druck und Temperatur bis zum Erscheinen des zweiten Rings weiter. Bei dieser höchsten und schnellsten Kochstufe betragen sie 1,0 bar und etwa 120 °C. Beginnt die Garzeit von Rezepten hier, ist wie oben zu verfahren.

Doch keine Angst vor Überdruck und Überhitzung! Die Konstruktion eines guten Schnellkochtopfes ließe weit höhere Temperaturen und Druckverhältnisse zu, aber dadurch würden vor allem die Vitamine des Kochguts angegriffen. Um das zu vermeiden, läßt das Ventil Dampf ab und garantiert so den Druckausgleich. Bei einem Topf mit akustischem Signal erinnert ein nicht zu überhörender Pfeifton daran, die Temperatur zu regulieren. Beim Schnellkochtopf mit Abdampfregler ist eine zusätzliche Sicherung bei erhöhtem Druck darin gegeben, daß der Gummiring im Deckel durch einen seitlich ausgesparten Schlitz nach außen gedrückt wird, so daß der Überdruck auch hier entweichen kann.

Alles in allem: Im Bezug auf Handhabung und Sicherheit ist Schnellkochen überhaupt kein Problem, vorausgesetzt, man benutzt das richtige Gerät.

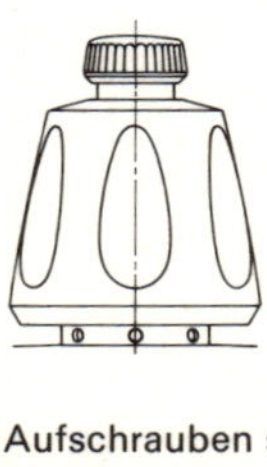

Beim Aufschrauben sitzt die Hutmutter des Druckanzeigers auf.

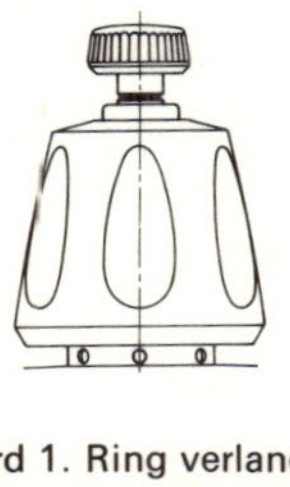

Wird 1. Ring verlangt, jetzt Heizquelle regulieren.

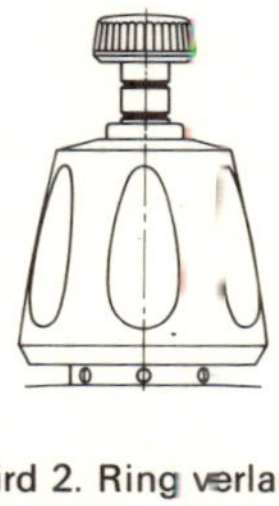

Wird 2. Ring verlangt, balancieren Sie nun ein.

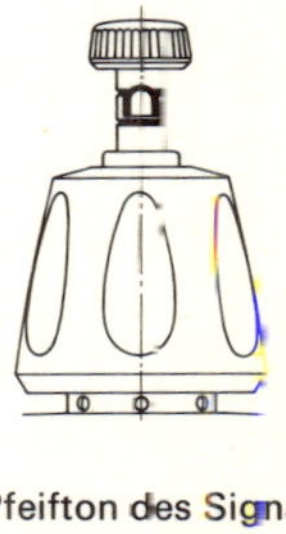

Pfeifton des Signal-Ventils ertönt. Heizquelle drosseln.

UND SO WIRD IN DER PRAXIS SCHNELLGEKOCHT

1. Vorbereiten	Mindestens ¼ l Flüssigkeit direkt auf den Topfboden geben, jedoch nie mehr als bis zu ⅔ der Topfhöhe. Beim Kochen mit Einsätzen ¼ l Wasser auf den Topfboden geben, dann gefüllte Einsätze hineinstellen.
2. Anheizen	**Topf mit Mittelventil:** Den Topf auf die Kochstelle (höchste Heizstufe) setzen, den Deckel **ohne** Ventil so darauf legen, daß die Markierung am Deckel über der des Topfgriffs steht. Deckelgriff nach links drehen, ein hörbares „Klick" bestätigt, daß der Topf richtig verschlossen ist. **Topf mit Abdampfregler:** Reglerstellung A. Deckel auflegen, daß die Markierungen am Topfgriff und auf dem Deckel übereinanderstehen. Deckel auf den Topf drücken und Deckelgriff nach links drehen, bis Topf- und Deckelgriff exakt übereinanderstehen. Topf auf Heizquelle (höchste Stufe) setzen.
3. Verschließen	**Topf mit Mittelventil:** Sobald Dampf aus dem Ventilstutzen am Deckel austritt, Ventil aufschrauben. **Topf mit Abdampfregler:** Sobald etwas Dampf am Griff austritt, Regler auf Schalterstellung Z bringen.
4. Garen	Druckanzeiger beachten. Bei dessen Ansteigen kann etwas Dampf am Ventil austreten. Kurz bevor der im Rezept vorgeschriebene Ring sicht-

bar wird, auf mittlere bis kleine Heizstufe zurückschalten. Kurzzeitwecker einstellen! – Heizquelle kann bereits vor Beendigung der Garzeit ausgeschaltet werden; die im Topf gespeicherte Wärme reicht aus, den Garprozeß zu beenden (Energieersparnis!).

5. Öffnen

Topf mit Mittelventil: Nach Beendigung der Garzeit Topf von der Kochstelle nehmen. Sobald der Druckanzeiger ganz ins Ventil zurückgesunken ist, Ventil vorsichtig abschrauben, Taste der Verschlußsicherung drücken, Deckel nach rechts drehen, abheben. **Beschleunigung:** Signalstift entweder mit der Gabel anheben und Dampf ablassen oder Topf unter kaltes Wasser stellen. Bei beiden Methoden mit dem Öffnen erst beginnen, wenn Signalstift völlig ins Gehäuse gesunken ist.

Topf mit Abdampfregler: Nach Beendigung der Garzeit Topf von der Heizquelle nehmen. Wenn der Druckanzeiger ganz im Ventil verschwunden ist, Abdampfregler von Stellung Z langsam nach A drehen. Restlicher Dampf entweicht am Deckelrand. Dann Deckelgriff nach rechts drehen, bis Markierungen am Deckel und am Topfgriff exakt übereinanderstehen. Deckel abheben. Methode immer wählen beim Garen schäumender Speisen (z. B. Fleischbrühe, Hülsenfrüchte)! **Beschleunigung:** Topf von der Heizquelle nehmen. Abdampfregler ein Stück in Richtung A schieben, bis Dampf am Deckelrand austritt. Wenn Dampfaustritt schwächer wird, wieder ein Stück in Richtung A schieben. Vorgang so lange wiederholen, bis Schalter auf A steht und kein Dampf mehr austritt. Dann Topf öffnen. **Oder:** Topf unter kaltes Wasser stellen bis Druckanzeiger ganz im Ventil verschwunden ist. Abdampfregler langsam auf A stellen und Topf öffnen.

Wichtig: Niemals mit Gewalt versuchen, einen Schnellkochtopf zu öffnen!

6. Reinigen

Nach Benützung: Gummiring herausnehmen, Ventil abschrauben. Topf wie üblich mit Heißwasser, Spülmittel und Topfbürste reinigen. Rückstände nicht abkratzen, sondern aufweichen. Keine Stahlbürste verwenden!

Bei Kalkansatz: Mit Essigwasser auskochen.

Topfboden außen: Ebenfalls regelmäßig reinigen.

Deckel: Wie Topf behandeln.

Ring: Unter fließendem Wasser säubern, abtrocknen und sorgfältig einlegen. Schadhaften Ring sofort ersetzen (im Handel erhältlich)!

Ventil: Nach jeder Benützung reinigen. Auseinandernehmen (Gebrauchsanleitung), Einzelteile unter fließendem Wasser abspülen, Federung mehrmals zusammendrücken. Bei Kalkansatz in Essigwasser kochen. Hat Feder keine Spannkraft mehr, kompletten Ventilsatz beim Fachhandel besorgen.

Aufbewahrung: Deckel umgekehrt auf den Topf legen.

Wichtig: Signalventil und Gummidichtung funktionieren nur dann, wenn sie stets peinlich sauber sind!

PIKANTE SUPPEN UND SUPPENEINLAGEN

Nichts geht über eine köstliche Suppe, wenn man abgespannt von der täglichen Arbeit zu Tisch geht. Oder aber, wenn liebe Gäste geladen sind, denen man etwas besonderes bieten will.

Bei einem festlichen Menü ist eine wohlschmeckende Suppe der richtige Auftakt. Sie weckt den Appetit, beruhigt das erste Hungergefühl und stimmt so recht auf das nachfolgende Hauptgericht ein.

Hinzu kommt, daß im Schnellkochtopf das Zubereiten solcher Suppen kinderleicht ist.

Regeln

1. Suppen und Brühen im offenen Schnellkochtopf ankochen und abschäumen; den Topf höchstens bis zu ⅔ füllen.
2. Die Garzeit für Suppen und Brühen beginnt beim 1. Ring – Uhr einstellen –. Der 2. Ring darf höchstens schwach sichtbar werden.

Französische Zwiebelsuppe

(Abb. nebenstehend)
(für 6 Personen)

500 g Zwiebeln	abziehen, halbieren, in dünne Scheiben schneiden
50 g Butter oder Margarine	im offenen Schnellkochtopf zerlassen, die Zwiebelscheiben darin andünsten
1 l Fleischbrühe (aus Brühwürfeln)	hinzugießen, den Schnellkochtopf schließen, kochen lassen
⅛ l Weißwein	in die Suppe geben, mit
Salz geschrotetem weißem Pfeffer	abschmecken
2 Scheiben Weißbrot	toasten, in sehr kleine Würfel schneiden
30 g Butter	zerlassen, die Weißbrotwürfel darin goldgelb rösten
	die Zwiebelsuppe in 6 Tassen füllen, die Weißbrotwürfel darauf verteilen
50 g Parmesan-Käse	darüber geben, im vorgeheizten Grill überbacken, sofort servieren
Kochzeit:	Etwa 4 Minuten.

Französische Zwiebelsuppe, Rezept siehe oben

Frankfurter Kartoffelsuppe

(für 6 Personen)

100 g Speck	in Würfel schneiden, im offenen Schnellkochtopf auslassen
1 Zwiebel	abziehen, würfeln, in dem Speck glasig dünsten lassen
1 Stange Porree	putzen, waschen, in feine Streifen schneiden, mit
Knoblauchpulver	hinzufügen, mitdünsten lassen
500 g Kartoffeln	schälen, waschen, in Würfel schneiden, dazugeben
1½ l Fleischbrühe (aus Brühwürfeln)	hinzugießen, den Schnellkochtopf schließen, kochen lassen
	die Suppe mit
Salz	
weißem Pfeffer	abschmecken
2 Eßl. feingeschnittenen Schnittlauch	
2 Eßl. gehackte Petersilie	
etwas Majoran (getrocknet)	
etwas Thymian (getrocknet)	unterrühren
4 Frankfurter Würstchen	waschen, in dünne Scheiben schneiden, in die Kartoffelsuppe geben oder ganz dazureichen
2 Scheiben Toastbrot	in kleine Würfel schneiden, in
30 g zerlassener Butter	goldgelb rösten lassen, kurz vor dem Servieren auf die Suppe geben oder getrennt dazureichen
Kochzeit:	Etwa 5 Minuten.

Ratatouille – Französisches Auberginengemüse, Rezept Seite 73

Indische Curry-Reissuppe

1 Zwiebel	abziehen, fein würfeln
40 g Butter oder Margarine	im offenen Schnellkochtopf zerlassen, die Zwiebelwürfel darin andünsten
1 mittelgroßen Apfel	schälen, vierteln, entkernen, in Würfel schneiden, mit
1 Eßl. Kokosraspeln	zu den Zwiebelwürfeln geben, mitdünsten lassen
40–50 g Langkornreis	waschen, abtropfen lassen, unterrühren
2–3 Teel. Currypulver	darüber stäuben
⅛ l herben Weißwein	
1 l Hühnerbrühe (aus Brühwürfeln)	hinzugießen, den Schnellkochtopf schließen, kochen lassen
	die Suppe mit
Salz	
Pfeffer	
Ingwerpulver	
Currypulver	abschmecken
4–5 Eßl. Sahne	unterrühren
Kochzeit:	Etwa 6 Minuten.

Graubündener Gräupchensuppe

1 zerhackten Schinken- oder Kasselerknochen	waschen, mit
200 g durchwachsenem Speck	
1¼ l Wasser	in den Schnellkochtopf geben, den Topf schließen, etwa 25 Minuten kochen lassen
	den Speck herausnehmen, in kleine Würfel schneiden, warm stellen
	die Brühe durch ein Sieb gießen
30 g Butter	im offenen Schnellkochtopf zerlassen
50 g feine geschälte Gerstengraupen	kurz darin anbraten
1 Stange Porree	
2 Möhren	

	die beiden Zutaten putzen, waschen, in Streifen schneiden, mit
1 l Knochenbrühe	zu den Graupen geben, den Schnellkochtopf schließen, etwa 25 Minuten kochen lassen
	die Suppe mit
Salz	
geschrotetem Pfeffer	abschmecken
2 Eßl. feingeschnittenen Schnittlauch	unterrühren
Kochzeit:	Etwa 50 Minuten.

Szegediner Krautsuppe

100 g durchwachsenen Speck	in Würfel schneiden, im offenen Schnellkochtopf auslassen
1 Zwiebel	abziehen, würfeln, dazugeben, hellgelb dünsten lassen
1 Eßl. Paprika edelsüß	unterrühren
500 g Sauerkraut	grob hacken, mit
1 abgezogenen, gehackten Knoblauchzehe	
1 l Fleischbrühe (aus Brühwürfeln)	hinzufügen, zum Kochen bringen
500 g geräucherte Schweinerippchen	waschen, dazugeben, den Schnellkochtopf schließen, kochen lassen
	das gare Fleisch herausnehmen, von den Knochen befreien, klein schneiden, wieder in die Suppe geben
⅛ l saure Sahne	mit
1 Eßl. Weizenmehl	verrühren, unter die Suppe rühren, kurz aufkochen lassen, mit
Salz	
Pfeffer	abschmecken
	kurz vor dem Servieren mit
gehacktem Dill	bestreuen
Kochzeit:	Etwa 8 Minuten.

Büsumer Fischsuppe

400 g Fischfilet (z. B. Kabeljau, Rotbarsch)	waschen, abtrocknen, mit dem
Saft von 1 Zitrone	beträufeln, mit
Salz	bestreuen, den Fisch in etwa 3 cm große Würfel schneiden
50 g Speck	in Würfel schneiden, im offenen Schnellkochtopf auslassen
1 Stange Porree	putzen, waschen, in Streifen schneiden, in dem Speck andünsten
6 Eßl. Weißwein	
1 Packung tiefgekühltes Suppengrün	
1 l Fleischbrühe (aus Brühwürfeln)	dazugeben
	die Fischwürfel hinzufügen, den Schnellkochtopf schließen, kochen lassen
	die Suppe mit
Salz	
Pfeffer	abschmecken
100 g Krabben (frisch oder aus der Dose)	unterrühren
Kochzeit:	Etwa 5 Minuten.

Feurige Gulaschsuppe

300 g Zwiebeln	abziehen, in Scheiben schneiden
3 grüne Paprikaschoten	halbieren, entstielen, entkernen, die weißen Scheidewände entfernen, die Schoten waschen, in feine Streifen schneiden
300 g Rindfleisch	waschen, abtrocknen, in kleine Würfel schneiden
60 g Margarine	im offenen Schnellkochtopf zerlassen, die Zwiebelscheiben darin hellgelb dünsten lassen, die Paprikastreifen hinzufügen, unter Rühren andünsten

1 Eßl. Tomatenmark	unterrühren
	das Fleisch dazugeben, gut durchschmoren lassen, mit
Salz	
Rosenpaprika	
Pfeffer	
Cayennepfeffer	
Knoblauchpulver	würzen
1 l Fleischbrühe	
(aus Brühwürfeln)	hinzugießen, den Schnellkochtopf schließen, kochen lassen
	die Suppe mit
einigen Spritzern	
Tabascosoße	abschmecken
Kochzeit:	15–20 Minuten.

Amsterdamer Champignonsuppe

300 g Champignons	putzen, waschen, in sehr dünne Scheiben schneiden, mit
Zitronensaft	beträufeln
1 kleine Zwiebel	abziehen, würfeln
1 Stange Porree	putzen, waschen, in feine Streifen schneiden
40 g Butter	
oder Margarine	im offenen Schnellkochtopf zerlassen, die Zwiebelwürfel darin andünsten
	Pilze und Porree dazugeben, kurze Zeit mitdünsten lassen
40 g Weizenmehl	darüber streuen, unter Rühren
1 l Fleischbrühe	
(aus Brühwürfeln)	hinzugießen, den Schnellkochtopf schließen, kochen lassen
etwa ⅛ l Weißwein	in die gare Suppe geben
2 Eigelb	mit
⅛ l Sahne	verrühren, unterrühren, mit
Salz	
geschrotetem	
weißem Pfeffer	abschmecken, mit
gehackter Petersilie	bestreuen
Kochzeit:	Etwa 4 Minuten.

Tomatensuppe „Solferino"

400 g Tomaten	waschen, klein schneiden
60 g Speck	in Würfel schneiden, im offenen Schnellkochtopf auslassen
1 abgezogene, gehackte Zwiebel	und nach Belieben
2 abgezogene, zerdrückte Knoblauchzehen	dazugeben, kurze Zeit mitdünsten lassen
40 g Weizenmehl	darüber streuen, hellgelb dünsten lassen die Tomaten hinzufügen, verrühren
¾ l Fleischbrühe (aus Brühwürfeln)	hinzugießen
2 Eßl. Tomatenmark	unterrühren, mit
1 Teel. Basilikum	
Salz	würzen, den Schnellkochtopf schließen, kochen lassen, die gare Suppe durch ein Sieb streichen, kurz vor dem Servieren
4 Eßl. Schlagsahne	
4 Teel. geröstete Mandelblättchen	auf die Suppe geben
Kochzeit:	Etwa 5 Minuten.

Fleischbrühe

250 g zerkleinerte Rinderknochen	
250–400 g Rindfleisch (z. B. Brust-, Schwanzstück, Bein)	
	beide Zutaten waschen, in
1½–2 l kaltem Wasser	im offenen Schnellkochtopf zum Kochen bringen, abschäumen
1 Bund Suppengrün (z. B. Möhre, Porree, Sellerie)	putzen, waschen, grob zerkleinern
1 Zwiebel	abziehen, in Scheiben schneiden, nach Belieben rösten, zusammen mit dem Suppengrün in die Brühe geben, den Schnellkochtopf schließen, kochen lassen

	die Brühe durch ein Sieb gießen, mit
Suppenwürze	
Salz	abschmecken, mit
gehackter Petersilie oder feingeschnittenem Schnittlauch	bestreuen
Kochzeit:	25–35 Minuten.

Hühnerbrühe

1½ l Wasser	im offenen Schnellkochtopf zum Kochen bringen
1 küchenfertiges Suppenhuhn (etwa 1 kg)	waschen, abtrocknen, vierteln, mit Herz, gesäubertem Magen und Hals in das Wasser geben, zum Kochen bringen, abschäumen
1 Bund Suppengrün (z. B. Möhre, Porree, Sellerie)	putzen, waschen, grob zerkleinern, hinzufügen, mit
Salz	würzen, den Schnellkochtopf schließen, kochen lassen das gare Fleisch herausnehmen, von den Knochen befreien, klein schneiden, die Brühe durch ein Sieb gießen, das Fleisch hineingeben oder nach Belieben anderweitig verwenden, die Suppe mit
geriebener Muskatnuß	abschmecken nach Belieben
gekochte Fadennudeln oder gekochten Reis	in die Suppe geben, vor dem Servieren mit
gehackter Petersilie	bestreuen
Kochzeit:	20–25 Minuten.

Knochenbrühe

500 g zerkleinerte Rinderknochen	waschen, in
1½ l kaltem Wasser	im offenen Schnellkochtopf zum Kochen bringen, abschäumen
1 Bund Suppengrün (z. B. Möhre, Porre, Sellerie)	putzen, waschen, grob zerkleinern
1 Zwiebel	abziehen, halbieren, nach Belieben rösten
1 Tomate	waschen, vierteln
	die Zutaten in die Brühe geben, den Schnellkochtopf schließen, kochen lassen
	die Brühe durch ein Sieb gießen, mit
Suppenwürze	
Salz	abschmecken, mit
gehackter Petersilie	bestreuen
Kochzeit:	25–40 Minuten.

Allgäuer Käsenockerln

⅛ l Milch	
30 g Butter	
Salz	zum Kochen bringen
60 g Weizenmehl	auf einmal in die von der Kochstelle genommene Milch schütten, zu einem glatten Kloß verrühren, unter Rühren noch etwa 1 Minute erhitzen
1 Ei	
50 g geriebenen Käse (z. B. Emmentaler)	unterrühren
	aus der Masse mit nassen Händen Klößchen formen, in
kochendes Salzwasser oder Fleischbrühe (aus Brühwürfeln)	geben, gar ziehen lassen (Flüssigkeit muß sich leicht bewegen)
Garzeit:	Etwa 5 Minuten
	die Klößchen in eine der fertigen Brühen geben.

Gebratene Eisbeinchen, Rezept Seite 50

Odenwälder Pilzklößchen

50 g Steinpilze (frisch oder aus der Dose)	putzen, waschen oder abtropfen lassen, fein hacken
20 g Butter	zerlassen, die Pilze darin gar dünsten lassen, mit
Kümmelpulver	abschmecken, erkalten lassen
30 g Butter	schaumig rühren
1 Ei	
Salz	
40 g Semmelmehl	
1 gestrichenen Eßl. Speisestärke, z. B. Gustin	und die Pilze hinzufügen, gut verrühren
	aus der Masse mit nassen Händen Klößchen formen, in
kochendes Salzwasser oder Fleischbrühe (aus Brühwürfeln)	geben, gar ziehen lassen (Flüssigkeit muß sich leicht bewegen)
Garzeit:	3–5 Minuten
	die Klößchen in eine der fertigen Brühen geben.

Schnittlauch-Flädle

125 g Weizenmehl	in eine Schüssel sieben, in die Mitte eine Vertiefung eindrücken
Salz, Zucker, 2 Eier	hineingeben, von der Mitte aus Eier und Mehl verrühren, nach und nach
¼ l Milch	hinzufügen, darauf achten, daß keine Klumpen entstehen
	zuletzt
2 Eßl. feingeschnittenen Schnittlauch	unterrühren
	aus dem Teig dünne Eierkuchen backen, in etwa 5 cm breite Streifen schneiden, dann quer zur Längsrichtung in feine Streifen schneiden, in eine der fertigen Brühen geben.

Gefüllte Paprikaschoten, Rezept Seite 42

Feine Markklößchen

50 g Rindermark	waschen, in kleine Würfel schneiden, auslassen, durch ein Sieb gießen, kalt stellen das abgekühlte Fett schaumig rühren
1 Ei	
Salz	
geriebene Muskatnuß	und so viel
Semmelmehl (etwa 50 g)	hinzufügen, daß eine geschmeidige Masse entsteht, ½ Stunde stehenlassen, mit nassen Händen Klößchen daraus formen, in
kochendes Salzwasser oder Fleischbrühe (aus Brühwürfeln)	geben, gar ziehen lassen (Flüssigkeit muß sich leicht bewegen)
Garzeit:	Etwa 4 Minuten die Klößchen in eine der fertigen Brühen geben.

Mailänder Kräuterklößchen

30 g Butter	schaumig rühren, mit
1 Ei	
Salz	
40 g Semmelmehl	
2 Eßl. feingehackten Kräutern (z. B. Petersilie, Schnittlauch, Kerbel, Liebstöckel)	gut verrühren, etwa ½ Stunde stehenlassen aus der Masse mit nassen Händen Klößchen formen, in
kochendes Salzwasser oder Fleischbrühe (aus Brühwürfeln)	geben, gar ziehen lassen (Flüssigkeit muß sich leicht bewegen)
Garzeit:	Etwa 3 Minuten die Klößchen in eine der fertigen Brühen geben.

ZARTES FLEISCH FÜR GENIESSER

Fleisch, ob gekocht, gebraten oder geschmort, ist noch immer ein bevorzugtes Nahrungsmittel.

Im Schnellkochtopf gegart, werden Fleischgerichte besonders saftig und zart.

Regeln

1. Nicht zu große Fleischstücke im ganzen garen – höchstens bis zu 1 kg – ggf. in Portionsstücke schneiden.

   Fleischscheiben können auch in den Einsätzen gegart werden; die Garzeit ist dann kürzer.

2. Zartes Fleisch – z. B. Kalbfleisch – grundsätzlich nur beim 1. Ring garen; alles andere Fleisch beim 2. Ring.

Flämische Rindskarbonaden

4 Scheiben Rindfleisch (je etwa 150 g, aus der Keule geschnitten)	leicht klopfen, mit
Salz	
weißem Pfeffer	bestreuen
40 g Butter oder Margarine	im offenen Schnellkochtopf zerlassen, die Fleischscheiben von beiden Seiten gut darin anbraten, aus dem Fett nehmen
250 g Zwiebeln	abziehen, in Scheiben schneiden, in dem Bratfett goldgelb dünsten lassen
1 Eßl. Weizenmehl	unterrühren, durchdünsten lassen
1 Eßl. braunen Zucker	hinzufügen
¼ l Starkbier	
¼ l Fleischbrühe (aus Brühwürfeln)	hinzugießen
1 Bund Petersilie	waschen, mit den Fleischscheiben dazugeben, den Schnellkochtopf schließen, garen lassen die Karbonaden in der Soße servieren
Garzeit:	Etwa 15 Minuten.
Beigabe:	Petersilienkartoffeln, Porreegemüse oder Chicoréesalat.

Rinderzunge in Burgunder

1 frische Rinderzunge (etwa 1¼ kg)	gut waschen, den Schlund entfernen, die Zunge so lange waschen und bürsten bis der Schleim entfernt ist
1 Bund Suppengrün (z. B. Möhre, Porree, Sellerie)	putzen, waschen, grob zerkleinern
1½ l Wasser	im offenen Schnellkochtopf zum Kochen bringen, Zunge und Suppengrün hineingeben, mit
Salz	würzen, den Schnellkochtopf schließen, garen lassen (die Zunge ist gar, wenn sich die Zungenspitze weich ansticht)
	die Zunge in kaltes Wasser legen, die Haut abziehen, die Zunge warm stellen
	die Brühe durch ein Sieb gießen
	für die Burgundersoße
40 g Perlzwiebeln (aus dem Glas)	mit kochendem Wasser überbrühen, abtropfen lassen
10 g Zucker	bräunen lassen
etwas Zungenbrühe Zitronensaft	hinzufügen, die Zwiebeln darin glasig schmoren lassen
40 g Butter oder Margarine	im offenen Schnellkochtopf zerlassen
40 g Weizenmehl	unter Rühren so lange darin erhitzen, bis es dunkelbraun ist
½ l Zungenbrühe	hinzugießen, durchschlagen, zum Kochen bringen, etwa 5 Minuten kochen lassen, die geschmorten Zwiebeln dazugeben
6 Eßl. Rotwein	unterrühren
Garzeit:	Für die Zunge 35–45 Minuten.
Kochzeit:	Für die Soße etwa 10 Minuten.
Beigabe:	Salzkartoffeln, verschiedene Gemüse.

Lindauer Braten

1 kg schieres Rindfleisch	waschen, abtrocknen, mit
Salz	
Pfeffer	
etwas Nelkenpulver	einreiben, in einen Steintopf legen
2 Zwiebeln	abziehen, in Scheiben schneiden
1 Möhre	putzen, waschen, in Scheiben schneiden, mit den Zwiebelscheiben,
2–3 Nelken	
einigen Pfefferkörnern	
2 Lorbeerblättern	zu dem Fleisch geben
½ l Weißwein	mit
¼ l Weinessig	vermengen, über das Fleisch gießen, zugedeckt etwa 2 Tage an einem kühlen Ort stehenlassen, täglich wenden
	das gesäuerte Fleisch abtrocknen, mit Salz und Pfeffer einreiben, die Marinade durch ein Sieb gießen
40 g Speck	in Würfel schneiden, im offenen Schnellkochtopf auslassen, das Fleisch von allen Seiten gut darin anbraten
¼ l von der Marinade	
¼ l Wasser	hinzugießen
3 Eßl. geriebenes Schwarzbrot	
1 Stück Stangenzimt	
etwas Zitronenschale (ungespritzt)	
2 Eßl. Kirschwasser	
2 Eßl. gewaschene Korinthen	hinzufügen, den Schnellkochtopf schließen, garen lassen
	das Fleisch in Scheiben schneiden, auf einer vorgewärmten Platte anrichten, warm stellen
20 g Butter	zerlassen
50 g Mandeln, gesplittert	darin goldgelb rösten, in die Soße geben, mit Salz, Pfeffer abschmecken
	nach Belieben
1 Eßl. Speisestärke, z. B. Gustin	mit

2 Eßl. kaltem Wasser	anrühren, die Soße damit binden, zu dem Fleisch reichen
Garzeit:	Etwa 25 Minuten.
Beigabe:	Kartoffelklöße oder Salzkartoffeln.

Kalbsfrikassee

800 g Kalbfleisch	waschen, abtrocknen, in Würfel schneiden
1 l Salzwasser	im offenen Schnellkochtopf zum Kochen bringen, das Fleisch mit
2 abgezogenen, halbierten Zwiebeln	
1 Lorbeerblatt	
einigen Pfefferkörnern	
1 geputzten, grobgewürfelten Möhre	
3 Gewürznelken	hineingeben, den Schnellkochtopf schließen, garen lassen
	das Fleisch mit einem Schaumlöffel herausnehmen
	die Brühe durch ein Sieb gießen
40 g Butter oder Margarine	im offenen Schnellkochtopf zerlassen
3 gestrichene Eßl. Weizenmehl	unter Rühren so lange darin erhitzen, bis es hellgelb ist
½ l Kalbfleischbrühe	hinzugießen, gut durchschlagen, zum Kochen bringen, etwa 5 Minuten kochen lassen
200 g Spargelstücke (aus der Dose)	abtropfen lassen, hinzufügen, die Soße mit
Salz	
Zitronensaft	abschmecken
2 Eigelb	mit
⅛ l Sahne	verrühren, unter die Soße rühren, das Fleisch hinzufügen, miterhitzen
Kochzeit:	Für das Fleisch etwa 15 Minuten. Für die Soße etwa 5 Minuten.
Beigabe:	Reis, gemischter Salat.

Rheinischer Sauerbraten

(Abb. nebenstehend)

Etwa 1 kg Rindfleisch	waschen, abtrocknen, in eine Schüssel legen für die Marinade
1 Möhre	
1 Stück Sellerie	
1 Petersilienwurzel	
	das Gemüse putzen, waschen, mit
1 abgezogenen Zwiebel	grob zerkleinern
¼ l Weinessig	mit
½ l Wasser	vermengen, das Gemüse in dem Essigwasser aufkochen lassen, über das Fleisch gießen, zugedeckt 3–4 Tage an einem kühlen Ort stehenlassen, täglich wenden das gesäuerte Fleisch abtrocknen, die Marinade durch ein Sieb gießen
40 g Speck	in Würfel schneiden, im offenen Schnellkochtopf auslassen, das Fleisch von allen Seiten gut darin anbraten
¼ l von der Marinade	
¼ l Wasser	hinzugießen
2 Eßl. gewaschene Rosinen	
1 Eßl. Zucker	
3 Eßl. zerbröckelten Honigkuchen	hinzufügen, den Schnellkochtopf schließen, garen lassen das Fleisch in Scheiben schneiden, auf einer vorgewärmten Platte anrichten die Soße mit
Salz	
Zucker	
Essig	abschmecken, zu dem Fleisch reichen
Garzeit:	Etwa 35 Minuten.
Beigabe:	Kartoffelklöße, Rosenkohl oder Rotkohl.

Rheinischer Sauerbraten, Rezept siehe oben

Vin d'Alsace

Stockholmer Schweinebraten

(Abb. nebenstehend)

1 kg Schweinerücken (als Tasche geschnitten)	waschen, abtrocknen
20 eingeweichte, entkernte Backpflaumen	abtropfen lassen, in die Fleischtasche geben, zunähen, das Fleisch mit
Salz	
Pfeffer	einreiben
2 Eßl. Speiseöl	im offenen Schnellkochtopf erhitzen, das Fleisch von allen Seiten gut darin anbraten, mit
2 Eßl. Weinbrand	begießen
1 Möhre	
1 Stück Sellerie	
	das Gemüse putzen, waschen, mit
1 abgezogenen Zwiebel	grob zerkleinern, mit
1 Lorbeerblatt	
etwas Majoran (getrocknet)	zu dem Fleisch geben
¼ l Weißwein	hinzugießen, den Schnellkochtopf schließen, garen lassen
	das Fleisch in Scheiben schneiden, auf einer vorgewärmten Platte anrichten, warm stellen
	die Flüssigkeit mit dem Gemüse durch ein Sieb streichen
1 Eßl. Weizenmehl	mit
2 Eßl. kaltem Wasser	anrühren, unter die Flüssigkeit rühren, zum Kochen bringen, etwa 5 Minuten kochen lassen, die Soße mit Salz,
Zitronensaft	
Zucker	
Weinbrand	abschmecken, zu dem Fleisch reichen
Garzeit:	Etwa 30 Minuten.
Beigabe:	Salzkartoffeln, Möhren- oder Porreegemüse.

Stockholmer Schweinebraten, Rezept siehe oben

Rumänischer Schweinebraten

2 abgezogene, zerdrückte Knoblauchzehen	mit
1 Teel. Salz	vermengen
etwa 800 g schieres Schweinefleisch	waschen, abtrocknen, mit dem Knoblauchsalz einreiben
2 Eßl. Speiseöl	im offenen Schnellkochtopf erhitzen, das Fleisch darin von allen Seiten gut anbraten
2 Zwiebeln	abziehen, grob zerkleinern
4 enthäutete Tomaten	vierteln
2 Paprikaschoten	halbieren, entstielen, entkernen, die weißen Scheidewände entfernen, die Schoten waschen, in Streifen schneiden
	das Gemüse zu dem Fleisch geben
1 Eßl. Paprika edelsüß	darüber stäuben
	den Schnellkochtopf schließen, garen lassen
	das Fleisch in Scheiben schneiden, auf einer vorgewärmten Platte anrichten
2 Eßl. Joghurt	unter die Gemüsesoße rühren, mit
Pfeffer	
Salz	abschmecken
	zu dem Fleisch reichen
Garzeit:	Etwa 30 Minuten.
Beigabe:	Lyoner Kartoffeln, Salat.

Französisches Lammragout

500 g mageres Lammfleisch (aus der Schulter)	waschen, abtrocknen, in etwa 4 cm große Würfel schneiden, mit
Salz	
Pfeffer	bestreuen
50 g Schweineschmalz	im offenen Schnellkochtopf erhitzen
200 g Zwiebeln	abziehen, halbieren, in Scheiben schneiden
2 Knoblauchzehen	abziehen, zerdrücken

	Fleisch, Zwiebeln, Knoblauchzehen in dem Schmalz scharf anbraten
⅛ l Buttermilch	
⅛ l Fleischbrühe (aus Brühwürfeln)	hinzugießen
1 Eßl. Tomatenmark	
1 Eßl. Paprika edelsüß	unterrühren, den Schnellkochtopf schließen, garen lassen
6 Eßl. Rotwein	unter das Ragout rühren
etwa 400 g feine Erbsen (aus der Dose)	in dem Gemüsewasser erhitzen, abtropfen lassen, unter das Ragout heben
Garzeit:	15–20 Minuten.

Szegediner Gulasch

500 g Schweineschulter (ohne Knochen)	waschen, abtrocknen, in etwa 3 cm große Würfel schneiden
250 g Zwiebeln	abziehen, halbieren, in Scheiben schneiden
50 g Schweineschmalz	im offenen Schnellkochtopf erhitzen, Fleisch und Zwiebeln darin anbraten nach etwa 5 Minuten
¼ l Fleischbrühe (aus Brühwürfeln)	hinzugießen, aufkochen lassen
500 g Sauerkraut	mit
25 g Rosenpaprika	
½ Teel. gehacktem Kümmel	
1 abgezogenen, zerdrückten Knoblauchzehe	
Salz	hinzugeben, den Schnellkochtopf schließen, garen lassen
¼ l saure Sahne	unter das Gulasch rühren, mit Salz, Rosenpaprika,
Pfeffer	abschmecken
Garzeit:	Etwa 10 Minuten.
Beigabe:	Reis, Nudeln oder Spaghetti, Salat.

Gefüllte Paprikaschoten

(Abb. S. 28)

Von

4 großen, grünen Paprikaschoten die Stiele entfernen, die Deckel abschneiden, Kerne und weiße Scheidewände entfernen, die Schoten waschen, abtrocknen, die Deckel in Streifen schneiden

für die Füllung

500 g Gehacktes (halb Rind-, halb Schweinefleisch) mit

200 g gekochtem Reis

1 kleinen, feingehackten Zwiebel

1 Ei

1 Eßl. gehackter Petersilie gut vermengen, mit

Salz, Pfeffer würzen, die Füllung in die Paprikaschoten geben

50 g Schweineschmalz im offenen Schnellkochtopf erhitzen

1 Zwiebel abziehen, würfeln, darin andünsten, die Paprikaschoten in den Topf stellen

200 g Tomaten waschen, vierteln, mit den Paprikastreifen,

3/8 l Fleischbrühe (aus Brühwürfeln) dazugeben, den Schnellkochtopf schließen, garen lassen

die Paprikaschoten auf einer vorgewärmten Platte anrichten, warm stellen

die Flüssigkeit durch ein Sieb streichen

2 gestrichene Eßl. Weizenmehl mit

4 Eßl. kaltem Wasser anrühren, unter die Flüssigkeit rühren, zum Kochen bringen, etwa 5 Minuten kochen lassen

die Soße mit Salz, Pfeffer,

Zucker, Zitronensaft abschmecken

4 Scheiben durchwachsenen Speck in einer Pfanne kroß braten, über die Paprikaschoten legen

Garzeit: Für die Paprikaschoten etwa 8 Minuten.

Kochzeit: Für die Soße etwa 5 Minuten.

Pikantes Ochsenschwanz-ragout

Etwa 1 kg Ochsenschwanz (fleischige Stücke)	waschen, abtrocknen
30 g Schweineschmalz	im offenen Schnellkochtopf erhitzen, das Fleisch darin von allen Seiten gut anbraten
2 Zwiebeln	abziehen, würfeln
2 Möhren	
½ Stange Porree	
	die beiden Zutaten putzen, waschen, in breite Streifen schneiden
2 Tomaten	waschen, vierteln
	das Gemüse mit
1 Lorbeerblatt	zu dem Fleisch geben, kurze Zeit mitschmoren lassen
¼ l Fleischbrühe (aus Brühwürfeln)	
⅛ l Malzbier	hinzugießen, mit
Salz	
Pfeffer	würzen, den Schnellkochtopf schließen, garen lassen
	das Fleisch von den Ochsenschwanzstücken lösen, warm stellen
	die Flüssigkeit mit dem Gemüse durch ein Sieb streichen
3 gestrichene Eßl. Weizenmehl	mit
⅛ l Sherry oder Madeira	anrühren, unter die Flüssigkeit rühren, zum Kochen bringen, etwa 5 Minuten kochen lassen
	die Soße mit Salz, Pfeffer abschmecken, die Fleischstücke in die Soße geben, miterhitzen
Garzeit:	Etwa 40 Minuten.
Beigabe:	Salzkartoffeln, Ratatouille.

Omas Rinderrouladen

4 Scheiben Rindfleisch (je etwa 150 g, aus der Keule geschnitten)	leicht klopfen, mit
Senf	bestreichen, mit
Salz	
Pfeffer	
Paprika edelsüß	bestreuen, von
4 Scheiben gekochtem Schinken	je eine Scheibe auf jede Rindfleischscheibe legen
1 Gewürzgurke	längs vierteln
60 g Speck	in Streifen schneiden
2 Zwiebeln	abziehen, halbieren, in Scheiben schneiden
	die Zutaten auf die Fleischscheiben geben, von der schmalen Seite her aufrollen, mit einer Bratennadel oder einem Faden zusammenhalten
25 g Schweineschmalz	im offenen Schnellkochtopf erhitzen, die Rouladen von allen Seiten gut darin anbraten
⅛ l Malzbier	
⅛ l Fleischbrühe (aus Brühwürfeln)	hinzugießen, den Schnellkochtopf schließen, garen lassen
	aus den Rouladen die Bratennadeln ziehen oder den Faden entfernen, die Rouladen auf einer vorgewärmten Platte anrichten, warm stellen
1 gestrichenen Eßl. Weizenmehl	mit
2 Eßl. kaltem Wasser	anrühren, unter die Flüssigkeit rühren, zum Kochen bringen, etwa 5 Minuten kochen lassen
	die Soße mit Salz, Pfeffer abschmecken, zu den Rouladen reichen
Garzeit:	Etwa 15 Minuten.
Beigabe:	Kartoffelklöße, Rotkohl.

Allgäuer Kalbsvögel

4 Scheiben Kalbsschnitzel (je etwa 150 g)	leicht klopfen, mit
Salz	
Pfeffer	bestreuen, mit
1 Eßl. süßen Senf	bestreichen
4 Scheiben gekochter Schinken	
4 Scheiben Schnittkäse	
4 hartgekochte Eier	pellen auf jede Kalbfleischscheibe 1 Scheibe Schinken, 1 Scheibe Käse, 1 Ei legen, das Fleisch von der schmalen Seite her aufrollen, mit einer Bratennadel oder einem Faden zusammenhalten
40 g Butter oder Margarine	im offenen Schnellkochtopf zerlassen, die Kalbsvögel von allen Seiten gut darin anbraten
⅛ l Weißwein	
¼ l Fleischbrühe (aus Brühwürfeln)	hinzugießen, den Schnellkochtopf schließen, garen lassen aus den Kalbsvögeln die Bratennadeln ziehen oder den Faden entfernen, warm stellen
1 Eßl. Speisestärke, z. B. Gustin	mit
1 Becher (125 g) saurer Sahne	
4 Eßl. von der Bratenflüssigkeit	anrühren, die Flüssigkeit damit binden, die Soße mit Salz, Pfeffer,
Weißwein	abschmecken, die Allgäuer Kalbsvögel in die Soße geben, miterhitzen
Garzeit:	Etwa 12 Minuten.
Beigabe:	Salzkartoffeln, Parmabohnen.

Gekochte Rinderbrust mit Meerrettichsoße

(Abb. nebenstehend)

500 g Rinderbrust (ohne Knochen)	waschen, abtrocknen
4 Markknochen	waschen, mit
1½ l kaltem Wasser	im offenen Schnellkochtopf zum Kochen bringen
1 Zwiebel	abziehen, halbieren, in
etwas zerlassener Margarine	hellgelb dünsten lassen
1 Bund Suppengrün (Möhre, Porree, Sellerie)	putzen, waschen, grob zerkleinern, Fleisch, Zwiebel, Suppengrün zu den Markknochen geben, einige Minuten mitkochen lassen, dabei abschäumen, den Schnellkochtopf schließen, garen lassen
	das Fleisch in Scheiben schneiden, auf einer vorgewärmten Platte anrichten, warm stellen
	die Brühe durch ein Sieb gießen
	für die Meerrettichsoße
30 g Butter oder Margarine	im offenen Schnellkochtopf zerlassen
40 g Weizenmehl	unter ständigem Rühren darin hellgelb dünsten lassen
½ l Fleischbrühe	hinzugießen, durchschlagen, zum Kochen bringen, etwa 5 Minuten kochen lassen
2 gehäufte Eßl. Meerrettich (aus dem Glas)	unter die Soße rühren, mit
Salz	
Zitronensaft	abschmecken, über das Fleisch geben
Garzeit:	Für die Rinderbrust etwa 45 Minuten.
Kochzeit:	Für die Soße etwa 5 Minuten.
Beigabe:	Salzkartoffeln, Chinakohlsalat.

Gekochte Rinderbrust mit Meerrettichsoße, Rezept siehe oben

Hammelbraten „Londoner Art"

2 abgezogene, zerdrückte Knoblauchzehen	mit
1 Teel. Salz	vermengen
800 g Hammelfleisch (aus der Keule oder Schulter geschnitten)	waschen, abtrocknen, mit dem Knoblauchsalz einreiben
25 g Butter oder Margarine	im offenen Schnellkochtopf zerlassen, das Fleisch von allen Seiten gut darin anbraten
1 Zwiebel	abziehen, grob zerkleinern
1 Möhre	
½ Stange Porree	
	das Gemüse putzen, waschen, in Streifen schneiden, mit der Zwiebel zu dem Fleisch geben
⅛ l Fleischbrühe (aus Brühwürfeln)	
⅛ l Rotwein	
1 Lorbeerblatt	
etwas Basilikum (getrocknet)	hinzufügen, den Schnellkochtopf schließen, garen lassen das Fleisch in Scheiben schneiden, auf einer vorgewärmten Platte anrichten, warm stellen
1 Eßl. Weizenmehl	mit
2 Eßl. kaltem Wasser	anrühren, unter die Flüssigkeit rühren, zum Kochen bringen, etwa 5 Minuten kochen lassen die Soße durch ein Sieb streichen, mit
Salz	
Pfeffer	
Zucker	abschmecken
1 Eßl. gehackte Petersilie	unterrühren
Garzeit:	Etwa 45 Minuten.
Beigabe:	Bouillonkartoffeln, Grüne Bohnen.

Katalonischer Gemüsetopf, Rezept siehe Seite 87

Gebratene Eisbeinchen

(Abb. S. 27)

4 kleine, magere Eisbeine	
(je etwa 350 g)	waschen, abtrocknen, mit
Salz, Pfeffer	einreiben
30 g Butter oder Margarine	im offenen Schnellkochtopf zerlassen, die Eisbeine von allen Seiten gut darin anbraten
1 Zwiebel	abziehen, in Scheiben schneiden
1 Möhre	
1 Petersilienwurzel	
½ Porreestange	
1 Stück Kohlrabi	
	das Gemüse putzen, waschen, in Streifen schneiden, mit den Zwiebelscheiben,
¼ l Wasser	zu dem Fleisch geben
1 Beutel Bratensoße	unterrühren, den Schnellkochtopf schließen, garen lassen
	die Eisbeine auf einer vorgewärmten Platte anrichten, warm stellen
	die Soße mit dem Gemüse durch ein Sieb streichen, mit Salz, Pfeffer abschmecken, zu dem Fleisch reichen
Garzeit:	Etwa 30 Minuten.
Beigabe:	Kartoffelbrei, Sauerkraut.

Bayerisches Rinderherzragout

1 kg Rinderherz	in 4 Teile schneiden, die großen Adern herausschneiden, das Rinderherz waschen, abtrocknen
1 l Wasser	im offenen Schnellkochtopf zum Kochen bringen, das Rinderherz mit
2 Teel. Salz	hineingeben, den Schnellkochtopf schließen, kochen lassen
	das Rinderherz in große Würfel schneiden
	die Brühe durch ein Sieb gießen
3 Möhren	putzen, waschen, in Streifen schneiden
50 g Butter oder Margarine	im offenen Schnellkochtopf zerlassen, die

	Möhren darin etwa 10 Minuten dünsten lassen
40 g Weizenmehl	darüber stäuben, durchdünsten lassen
½ l Rinderherzbrühe	hinzugießen, gut verrühren, zum Kochen bringen, etwa 5 Minuten kochen lassen, die Soße mit
Salz, weißem Pfeffer	würzen
2 Gewürzgurken	in Würfel schneiden, mit
2–3 Eßl. Weinbrand	
⅛ l Sahne	unterrühren, die Rinderherzwürfel hinzufügen, miterhitzen (nicht kochen lassen), das Ragout mit Salz, Pfeffer abschmecken
Kochzeit:	Für das Rinderherz etwa 35 Minuten. Für die Soße etwa 15 Minuten.
Beigabe:	Risotto, Grüner Salat.

Serbisches Reisfleisch

500 g Hammelfleisch (aus der Keule geschnitten)	waschen, abtrocknen in dünne Scheiben schneiden
100 g Zwiebeln	abziehen, würfeln
1 Knoblauchzehe	abziehen, zerdrücken
1 rote und 1 grüne Paprikaschote	halbieren, entstielen, entkernen, die weißen Scheidewände entfernen, die Schoten waschen, in Würfel schneiden
50 g Schweineschmalz	im offenen Schnellkochtopf erhitzen, das Fleisch gut darin anbraten, mit
Salz, Pfeffer	würzen, Zwiebelwürfel und Knoblauchzehe hinzufügen, leicht bräunen lassen die Paprikaschoten,
200 g gewaschenen, abgetropften Langkornreis	
1 Eßl. Paprika edelsüß	
½ l Fleischbrühe (aus Brühwürfeln)	hinzufügen, den Schnellkochtopf schließen, garen lassen, mit Salz, Pfeffer abschmecken
Garzeit:	Etwa 10 Minuten.
Beigabe:	Grüner Salat.

Budapester Schmorkoteletts

4 Schweinekoteletts	
(je etwa 150 g)	leicht klopfen, mit
Salz	
Pfeffer	
Paprika edelsüß	bestreuen, dünn mit
Senf	bestreichen, in
20 g Weizenmehl	wenden
40 g Butter	
oder Margarine	in einer Pfanne zerlassen, die Koteletts darin von beiden Seiten anbraten
50 g durchwachsenen	
Speck	in Würfel schneiden, im offenen Schnellkochtopf auslassen
1 Zwiebel	abziehen, würfeln
2 enthäutete Tomaten	vierteln
1 grüne Paprikaschote	halbieren, entstielen, entkernen, die weißen Scheidewände entfernen, die Schote waschen, in Streifen schneiden
2 Knoblauchzehen	abziehen, zerdrücken
	alle Zutaten zu dem Speck geben, mitdünsten lassen, die Koteletts aus der Pfanne nehmen, den Bratensatz mit
6 Eßl. Rotwein	verrühren
¼ l Fleischbrühe	
(aus Brühwürfeln)	dazugießen, zu dem gedünsteten Gemüse geben, die Koteletts darauflegen, den Schnellkochtopf schließen, garen lassen
	Fleisch und Gemüse auf einer vorgewärmten Platte anrichten, warm stellen
	die Flüssigkeit mit
5 Eßl. saurer Sahne	verrühren, dazureichen
Garzeit:	6–8 Minuten.
Beigabe:	Petersilienkartoffeln.

ES MUSS NICHT IMMER HÄHNCHEN SEIN

Geflügel ist immer noch recht preiswert und schon deshalb eine willkommene Abwechslung auf dem Speisezettel.

Die in großer Auswahl und guter Qualität angebotenen Geflügelteile sind für das Garen im Schnellkochtopf besonders gut geeignet.

Regeln

1. Nicht zu großes Geflügel im ganzen garen – höchstens bis zu 1 kg –, andernfalls in Portionsstücke schneiden.
2. Geflügelteile vor dem Garen evtl. enthäuten und entbeinen.
3. Geflügel beim 2. Ring garen.

Putenkeulen in Rahmsoße

2 Putenoberschenkel	waschen, abtrocknen, mit
Salz	
Pfeffer	einreiben
50 g Speck	in Würfel schneiden, mit
3 Eßl. Speiseöl	auslassen, die Putenoberschenkel von allen Seiten darin anbraten
1 Zwiebel	abziehen, würfeln, mit den Putenschenkeln, dem Fett,
6 Eßl. Sherry	
⅛ l Fleischbrühe	
(aus Brühwürfeln)	in den Schnellkochtopf geben, den Topf schließen, garen lassen
etwa 125 g Pfifferlinge	
(aus der Dose)	abtropfen lassen, klein schneiden, zu den Putenschenkeln geben
⅛ l Sahne	unterrühren, mit Salz, Pfeffer abschmecken
Garzeit:	20–30 Minuten.
Beigabe:	Risotto oder Nudeln, Endiviensalat.

Frikassee vom Huhn

(für 6 Personen)

1½ l Wasser	im offenen Schnellkochtopf zum Kochen bringen
1 küchenfertiges Suppenhuhn (etwa 1 kg)	waschen, abtrocknen, vierteln, mit Herz, gesäubertem Magen und Hals in das Wasser geben
1 Bund Suppengrün (z. B. Möhre, Porree, Sellerie)	putzen, waschen, grob zerkleinern, mit
2 Lorbeerblättern	hinzufügen, mit
Salz	würzen, den Schnellkochtopf schließen, kochen lassen
	das Fleisch herausnehmen, von den Knochen befreien, in große Würfel schneiden
	die Brühe durch ein Sieb gießen
60 g Butter oder Margarine	im offenen Schnellkochtopf zerlassen
80 g Weizenmehl	unter ständigem Rühren darin hellgelb dünsten lassen
1 l Hühnerbrühe	hinzugießen, gut durchschlagen, zum Kochen bringen, etwa 5 Minuten kochen lassen
150 g Champignonstücke (aus der Dose)	hinzufügen, die Soße mit Salz,
Pfeffer	
Weißwein	abschmecken
2 Eigelb	mit
⅛ l Sahne	verrühren, unter die Soße rühren, das Fleisch dazugeben, miterhitzen
	das Frikassee nach Belieben mit
Blätterteighalbmonden	garnieren
Kochzeit:	Für das Huhn etwa 20 Minuten. Für die Soße etwa 5 Minuten.

Beschwipstes Huhn in Rotwein

1 küchenfertiges Huhn (etwa 1¼ kg)	waschen, abtrocknen, in 6–8 Stücke schneiden, mit
Salz *Pfeffer*	einreiben
80 g durchwachsenen Speck	in Würfel schneiden, im offenen Schnellkochtopf auslassen
50 g Butter oder Margarine	hinzufügen, das Fleisch von allen Seiten gut darin anbraten
1 Zwiebel	abziehen, würfeln
200 g Champignons	putzen, waschen, vierteln die beiden Zutaten zu dem Fleisch geben, einige Minuten mitschmoren lassen
¼ l Rotwein *¼ l Fleischbrühe (aus Brühwürfeln)*	hinzugießen
1 Lorbeerblatt *4 Nelken* *etwas Rosmarin*	dazugeben, den Schnellkochtopf schließen, garen lassen das Fleisch auf einer vorgewärmten Platte anrichten, warm stellen
2 gestrichene Eßl. Weizenmehl	mit
3 Eßl. Rotwein	anrühren, unter die Flüssigkeit rühren, zum Kochen bringen, etwa 5 Minuten kochen lassen, die Soße mit Salz, Pfeffer abschmecken
Garzeit:	Für das Huhn 8–10 Minuten.
Kochzeit:	Für die Soße etwa 5 Minuten.
Beigabe:	Kartoffelbrei oder Butternudeln, Chicoréesalat.

Russische Poularde

1 küchenfertige Poularde (etwa 1¼ kg)	waschen, abtrocknen, in 8 Stücke schneiden, mit
Salz	
Pfeffer	
Ingwerpulver	einreiben
50 g Butter oder Margarine	im offenen Schnellkochtopf zerlassen, die Poularde mit
1 abgezogenen, zerdrückten Knoblauchzehe	darin anbraten
2 Scheiben gekochten Schinken	in Streifen schneiden, dazugeben, mit
4 Eßl. Weinbrand	übergießen, anzünden
⅛ l Portwein	
¼ l Fleischbrühe (aus Brühwürfeln)	hinzugießen, den Schnellkochtopf schließen, garen lassen das Fleisch auf einer vorgewärmten Platte anrichten, warm stellen
1 gestrichenen Eßl. Weizenmehl	mit
2 Eßl. kaltem Wasser	anrühren, unter die Flüssigkeit rühren, zum Kochen bringen, etwa 5 Minuten kochen lassen, die Soße mit Salz, Pfeffer abschmecken
⅛ l saure Sahne	
2 Eßl. eingelegte Perlzwiebeln	unterrühren
Garzeit:	Für die Poularde 8–10 Minuten.
Kochzeit:	Für die Soße etwa 5 Minuten.

Chicken-Curry „Maharadscha"

1 küchenfertiges Hähnchen (etwa 1 kg)	waschen, abtrocknen, vierteln, entbeinen, in größere Würfel schneiden, mit
Salz	
Pfeffer	
Ingwerpulver	bestreuen
40 g Butter oder Margarine	im offenen Schnellkochtopf zerlassen, das Fleisch gut darin anbraten
50 g abgezogene gehobelte Mandeln	hinzufügen
5 Eßl. Weißwein	darüber geben, durchschmoren lassen, mit
1 gestrichenen Eßl. Currypulver	bestreuen
½ l Fleischbrühe (aus Brühwürfeln)	hinzugießen, den Schnellkochtopf schließen, garen lassen
3 gestrichene Eßl. Weizenmehl	mit
3 Eßl. kaltem Wasser	anrühren, unter das Gericht rühren, zum Kochen bringen, etwa 5 Minuten kochen lassen
20 g Butter	zerlassen
4 Scheiben Ananas (aus der Dose)	in Würfel schneiden, kurz in der Butter erhitzen, zu dem Fleisch geben, mit Salz, Pfeffer abschmecken
1 Teel. Currypulver	unterrühren
Garzeit:	Etwa 10 Minuten.
Beigabe:	Reis, Tomatensalat.

FISCH FÜR VERWÖHNTE

Fischgerichte werden im Schnellkochtopf besonders schonend gegart, so daß die wertvollen Nähr- und Aromastoffe weitgehend erhalten bleiben.

Ein weiterer Vorteil des Garens von Fisch im Schnellkochtopf ist die Vermeidung des oft so störenden Fischgeruches.

Regeln

1. Nicht zu große Fischstücke im ganzen garen – höchstens bis zu 1 kg –, andernfalls in Portionsstücke schneiden.
2. Wird der Fisch im Einsatz gegart, stets ¼ l Flüssigkeit in den Schnellkochtopf gießen.
3. Sehr zarten Fisch – z. B. Seezunge, Forelle – grundsätzlich nur beim 1. Ring garen.

Lengfischpfanne „Primavera"

¼ l Wasser	in den Schnellkochtopf gießen, den ungelochten Einsatz mit
20 g flüssiger Butter	ausstreichen
600 g küchenfertigen Lengfisch	waschen, abtrocknen, in etwa 3×5 cm große Stücke schneiden, mit dem
Saft 1 Zitrone	beträufeln, mit
Salz	
Pfeffer	
Rosmarin	bestreuen
100 g Champignons	putzen, waschen
½ Zwiebel	abziehen
3 enthäutete Tomaten	
	die drei Zutaten in sehr dünne Scheiben schneiden, abwechselnd mit den Fischstücken in den Einsatz schichten
⅛ l saure Sahne	mit
1 Eßl. geriebenem Parmesan-Käse	
1 Ei	
1 Eßl. gehackter Petersilie	verrühren, über den Fisch geben, den Einsatz in den Schnellkochtopf stellen, den Topf schließen, garen lassen
Garzeit:	Etwa 7 Minuten.
Beigabe:	Reis, Grüner Salat.

Fischcurry Bombay

¼ l Wasser	in den Schnellkochtopf gießen
4 tiefgekühlte Portionen Seelachs- oder Kabeljaufilet	mit dem
Saft 1 Zitrone	beträufeln, mit
Salz	bestreuen, den ungelochten Einsatz mit
20 g flüssiger Butter	ausstreichen
1 Zwiebel	abziehen, in dünne Scheiben schneiden
1 Apfel	schälen, vierteln, entkernen, in kleine Würfel schneiden
	Zwiebel und Apfel in den Einsatz geben, die Fischfilets darauf legen
⅛ l herben Weißwein	darüber gießen, den Einsatz in den Schnellkochtopf stellen, den Topf schließen, garen lassen
	den Fisch auf einer vorgewärmten Platte warm stellen, den Fischsud durch ein Sieb gießen, ¼ l davon abmessen
80 g gekochten Schinken	in Würfel schneiden
40 g Butter oder Margarine	im Schnellkochtopf zerlassen, den Schinken darin anbraten
1 Teel. Currypulver 3 gestrichene Eßl. Weizenmehl	darüber stäuben
⅛ l Milch ⅛ l Sahne	und den Fischsud verrühren, darüber gießen, zum Kochen bringen, etwa 5 Minuten kochen lassen
	Zwiebel und Apfel in die Soße geben, mit Salz,
Pfeffer Zitronensaft Currypulver	abschmecken
	die Soße über den Fisch gießen
Garzeit:	Etwa 5 Minuten.

Seelachs „St. Peter-Ording"

¼ l Wasser	in den Schnellkochtopf gießen
2 Seelachsfilets	
(je 400–500 g)	waschen, abtrocknen, mit dem
Saft 1 Zitrone	beträufeln, mit
Salz	bestreuen
60 g Speck	in Würfel schneiden, auslassen
1 Apfel	schälen, vierteln, entkernen
1 Zwiebel	abziehen
	beide Zutaten würfeln, zu dem Speck geben, etwa 5 Minuten darin dünsten lassen
2 Eßl. süßen Senf	unterrühren
	die Fischfilets in 4 gleichgroße Stücke schneiden, zwei Fischstücke mit der Hautseite nach unten legen, dick mit der Apfel-Zwiebel-Masse bestreichen, die übrigen Fischstücke darauf legen (mit der Hautseite nach oben)
	den ungelochten Einsatz des Schnellkochtopfes mit
20 g flüssiger Butter	ausstreichen, die gefüllten Fischfilets nebeneinander hineinsetzen
1 Stange Porree	putzen, waschen, in sehr feine Streifen schneiden, über die Fischfilets verteilen
¼ l Sahne	darüber gießen
	den Einsatz in den Schnellkochtopf stellen, den Topf schließen, garen lassen
	die Fischfilets auf einer vorgewärmten Platte anrichten, die Soße darüber gießen
Garzeit:	Etwa 6 Minuten.

Balatoner Fischgulasch

800 g Fischfilet	waschen, abtrocknen, in große Würfel schneiden, mit dem
Saft 1 Zitrone	beträufeln, mit
1 Teel. Paprika edelsüß	
Salz	bestreuen
80 g durchwachsenen Speck	in Würfel schneiden, im offenen Schnellkochtopf auslassen
40 g Butter oder Margarine	
1 abgezogene, gewürfelte Zwiebel	dazugeben
2 grüne Paprikaschoten	halbieren, entstielen, entkernen, die weißen Scheidewände entfernen, die Schoten waschen, in feine Streifen schneiden
1 Dillsalzgurke	in Würfel schneiden
	die Zutaten in den Schnellkochtopf geben, einige Minuten mitdünsten lassen
1 Eßl. Tomatenmark	
1 Teel. Paprika edelsüß	
1 Messerspitze Knoblauchpulver	
3/8 l Fleischbrühe (aus Brühwürfeln)	hinzufügen, die Fischwürfel dazugeben, den Schnellkochtopf schließen, garen lassen
1/8 l saure Sahne	vorsichtig unter das Fischgericht rühren
Garzeit:	Etwa 3 Minuten.
Beigabe:	Salzkartoffeln.

Thunfischsteaks „Alhambra"

(Abb. nebenstehend)

¼ l Wasser	in den Schnellkochtopf gießen den ungelochten Einsatz mit
1 abgezogenen Knoblauchzehe	ausreiben, mit
20 g flüssiger Butter	ausstreichen
4 Thunfischsteaks (je etwa 150 g)	waschen, abtrocknen, mit dem
Saft 1 Zitrone	beträufeln, mit
Salz	bestreuen, in
60 g Weizenmehl	wenden
3 Eßl. Speiseöl	erhitzen, die Fischsteaks von beiden Seiten darin anbraten
1 große Zwiebel	abziehen, würfeln, in den Einsatz geben, die Fischsteaks darauf legen, den Einsatz in den Schnellkochtopf stellen
⅛ l Weißwein	über die Fischsteaks gießen
4 enthäutete Tomaten	sehr klein schneiden
20 g Butter	in einem kleinen Topf zerlassen, die Tomaten darin etwa 1 Minute dünsten lassen, mit Salz,
Oregano	würzen, über die Steaks verteilen, den Schnellkochtopf schließen, garen lassen
Garzeit:	Etwa 7 Minuten.
Beigabe:	Reis.

Thunfischsteaks „Alhambra", Rezept siehe oben

Sizilianische Fischrouladen

(Abb. nebenstehend)

4 Rotbarschfilets	
(je etwa 200 g)	waschen, abtrocknen, mit dem
Saft 1 Zitrone	beträufeln, mit
Salz	bestreuen, die Filets mit der Hautseite nach unten legen, dünn mit
mildem Senf	bestreichen, reichlich
gehackte Petersilie	darauf verteilen
4 Scheiben Gouda-Käse	
6–8 Sardellenfilets	
1 Gewürzgurke	
	die drei Zutaten in Streifen schneiden, gleichmäßig auf die Fischfilets verteilen, die Filets von der schmalen Seite her aufrollen, mit je zwei Zahnstochern feststecken
50 g Butter	
oder Margarine	im offenen Schnellkochtopf zerlassen, die Fischrouladen darin von allen Seiten anbraten
⅛ l Rotwein	
⅛ l Fleischbrühe	
(aus Brühwürfeln)	hinzugießen
	den Schnellkochtopf schließen, garen lassen
	die Fischrouladen warm stellen
	unter den Fischsud
2 Eßl. Tomatenmark	rühren, mit
Salz	
Pfeffer	
Oregano	würzen
2 gestrichene Eßl.	
Weizenmehl	mit
3–4 Eßl. kaltem Wasser	anrühren, unter die Flüssigkeit rühren, zum Kochen bringen, 5 Minuten kochen lassen, die Soße mit Salz, Pfeffer abschmecken, die Fischrouladen in die Soße legen
Garzeit:	Etwa 5 Minuten.

Sizilianische Fischrouladen, Rezept siehe oben

Seelachsfilet im eigenen Saft „spezial"

¼ l Wasser	in den Schnellkochtopf gießen
4 tiefgekühlte Portionen Seelachsfilet	mit dem
Saft 1 Zitrone	beträufeln, mit
Salz	bestreuen
	den ungelochten Einsatz mit
20 g flüssiger Butter	ausstreichen
100 g Möhren	
100 g Sellerie	
1 Stange Porree	
	das Gemüse putzen, waschen, in feine Streifen schneiden
2 enthäutete Tomaten	in Scheiben schneiden
100 g Champignons	putzen, waschen, in Scheiben schneiden, das Gemüse in den Einsatz geben, das Seelachsfilet darauf legen, mit
20 g flüssiger Butter	beträufeln, den Einsatz in den Schnellkochtopf stellen, den Topf schließen, garen lassen
	das Fischfilet auf Risotto anrichten, das Gemüse darüber geben, mit
gehackter Petersilie	bestreuen
Garzeit:	8–10 Minuten.

GESUNDES GEMÜSE – SCHONEND GEKOCHT

Gemüse – reich an Nährstoffen wie Vitamine und Mineralsalze – ist ein lebenswichtiger Bestandteil unserer Nahrung.

Aus allen Teilen der Erde kommt Gemüse zu uns, spezielle Saisonzeiten gibt es kaum noch, und man kann bei dem großen Angebot abwechslungsreiche Speisepläne machen.

Gerade bei Gemüse sollte darauf geachtet werden, daß es schonend in kürzester Zeit gegart wird, damit es nicht an Aroma und Farbe verliert und vor allem die wertvollen Vitamine erhalten bleiben.
Die besten Voraussetzungen dafür bietet der Schnellkochtopf.

Regeln

1. Vorbereitetes Gemüse nie längere Zeit im Wasser liegen lassen, da es sonst auslaugt.
2. Zartes Gemüse – z. B. Spargel, Blumenkohl, Broccoli – nur beim 1. Ring garen; andere Gemüsearten beim 2. Ring.
3. Die Garzeiten für Gemüse können je nach Qualität und Menge schwanken.

Debreziner Gurkengemüse

500 g Salatgurke	schälen, längs vierteln, in etwa 3×3 cm große Stücke schneiden
8 enthäutete Tomaten	vierteln oder achteln
1 große Zwiebel	abziehen, in dünne Scheiben schneiden
50 g Speck	in Würfel schneiden, im offenen Schnellkochtopf auslassen die Zwiebelscheiben darin glasig dünsten lassen, Gurke und Tomaten hinzufügen, kurze Zeit mitdünsten lassen
100 g Debreziner Wurst oder Salami	in feine Streifen schneiden, zu dem Gemüse geben, mit
Salz *Pfeffer* *Paprika edelsüß*	würzen
⅛ l Fleischbrühe (aus Brühwürfeln)	hinzugießen, den Schnellkochtopf schließen, garen lassen
1 Becher (150 g) Joghurt	unter das Gemüse rühren, evtl. mit Salz, Pfeffer abschmecken, mit
1 Eßl. gehacktem Dill	bestreuen
Garzeit:	Etwa 5 Minuten.

Chicorée in Rahm

¼ l Wasser	in den Schnellkochtopf gießen, den Einsatz hineinstellen, von
600 g Chicorée	die welken äußeren Blätter entfernen, den Strunk herausschneiden, den Chicorée etwa 10 Minuten in
lauwarmes Wasser	legen, abtropfen lassen, längs halbieren den ungelochten Einsatz des Schnellkochtopfes mit
20 g flüssiger Butter	ausstreichen
4 Scheiben gekochten Schinken	in feine Streifen schneiden, gleichmäßig in dem Einsatz verteilen, die Chicorée-Hälften nebeneinander darauf legen, mit
1 Teel. Zitronensaft	beträufeln
4 Eßl. saure Sahne	darüber geben, mit
1 Eßl. geriebenem Parmesan-Käse	bestreuen den Schnellkochtopf schließen, garen lassen
Garzeit:	Etwa 4 Minuten.

Sauerkraut wie bei Muttern

50 g Schweineschmalz	im offenen Schnellkochtopf erhitzen
3 Zwiebeln	abziehen, in Scheiben schneiden, in dem Schmalz glasig dünsten lassen
etwa 750 g Sauerkraut	locker zupfen, hinzufügen, mitdünsten lassen
1 Apfel	schälen, vierteln, entkernen, mit
1 geschälten Kartoffel	reiben, unter das Sauerkraut rühren, mit
Salz, Pfeffer	würzen
einige Wacholderbeeren	dazugeben
⅛ l Weißwein *¼ l Fleischbrühe (aus Brühwürfeln)*	hinzugießen, den Schnellkochtopf schließen, garen lassen
60 g durchwachsenen Speck	in Würfel schneiden, kroß anbraten, auf das Sauerkraut geben
Garzeit:	Etwa 5 Minuten.

Rassiger Rotkohl

	Von
1 kg Rotkohl	die welken äußeren Blätter entfernen, den Kohlkopf achteln, den Strunk herausschneiden, den Kohl waschen, fein schneiden oder hobeln
4 Eßl. Essig	unterrühren
2 Zwiebeln	abziehen, würfeln
20 g Butter	
oder Margarine	im offenen Schnellkochtopf zerlassen, die Zwiebelwürfel darin glasig dünsten lassen
1 Apfel	schälen, vierteln, entkernen, in Würfel schneiden, zu den Zwiebeln geben
4 Scheiben Ananas	
(aus der Dose)	in sehr feine Streifen schneiden, mit dem Rotkohl,
3 Gewürznelken	
1 Lorbeerblatt	hinzufügen, mit
Salz	
Pfeffer	würzen
⅛ l Rotwein	
¼ l Fleischbrühe	
(aus Brühwürfeln)	hinzugießen, den Schnellkochtopf schließen, garen lassen
	den Rotkohl nach Belieben mit
Zucker	abschmecken
Garzeit:	Etwa 10 Minuten.

Bayerisches Kraut

	Von
1 Kopf (1 kg) Weißkohl	die schlechten äußeren Blätter entfernen, den Kopf achteln, den Strunk herausschneiden, den Kohl waschen, fein schneiden oder hobeln
50 g Speck	in Würfel schneiden, im offenen Schnellkochtopf auslassen
50 g Schweineschmalz	dazugeben
1 Zwiebel	abziehen, würfeln, darin andünsten
1 Eßl. Zucker	hinzufügen, leicht bräunen lassen
1 Apfel	schälen, vierteln, entkernen, würfeln, mitdünsten lassen

¼ l Fleischbrühe	
(aus Brühwürfeln)	mit dem Weißkohl hinzugeben, mit
Salz	
Pfeffer	würzen
½ Teel.	
gehackten Kümmel	unterrühren, den Schnellkochtopf schließen, garen lassen
1 rohe, geriebene	
Kartoffel	unter das Kraut rühren, mit Salz, Pfeffer,
Essig	
Zucker	abschmecken
Garzeit:	Etwa 7 Minuten.

Ratatouille – Französisches Auberginengemüse

(Abb. S. 18)

600 g Auberginen	entstielen, vierteln, in etwa ½ cm dicke Scheiben schneiden
1 grüne und 1 rote	
Paprikaschote	halbieren, entstielen, entkernen, die weißen Scheidewände entfernen, die Schoten waschen, in breite Streifen schneiden
4 enthäutete Tomaten	vierteln
5 Eßl. Olivenöl	im offenen Schnellkochtopf erhitzen
2 Zwiebeln	abziehen, in Scheiben schneiden, darin andünsten, die übrigen Zutaten hinzufügen, mit
Salz	
Pfeffer	würzen, den Schnellkochtopf schließen, garen lassen
	unter das Gemüse
1 abgezogene, zerdrückte	
Knoblauchzehe	
1 Eßl.	
gehackte Petersilie	rühren
Garzeit:	Etwa 3 Minuten.

Geschmorter Grünkohl

1 kg Grünkohl	putzen, gründlich waschen, mit
kochendem Wasser	überbrühen, abtropfen lassen, grob hacken oder durch den Fleischwolf (grobe Scheibe) drehen
100 g durchwachsenen Speck	in Würfel schneiden, mit
50 g Schweineschmalz	im offenen Schnellkochtopf auslassen
2 Zwiebeln	abziehen, würfeln, in dem Speck glasig dünsten lassen den Grünkohl hinzufügen
¼ l Fleischbrühe (aus Brühwürfeln)	hinzugießen, mit
Salz, Pfeffer	würzen
1 Eßl. Haferflocken	unterrühren, den Schnellkochtopf schließen, garen lassen
Garzeit:	Etwa 20 Minuten.

Parma-Bohnen

(Abb. nebenstehend)

500 g Grüne Bohnen	abfädeln, waschen, in Stücke brechen
150 g Champignons	putzen, waschen, vierteln
200 g enthäutete Tomaten	vierteln
50 g Speck	in Würfel schneiden, im offenen Schnellkochtopf auslassen
1 Zwiebel	abziehen, würfeln, darin glasig dünsten lassen, das Gemüse hinzufügen
½ Teel. getrocknetes Bohnenkraut	darüber streuen, mit
Oregano, Salz	würzen
⅛ l Fleischbrühe (aus Brühwürfeln)	hinzugießen den Schnellkochtopf schließen, garen lassen die Parma-Bohnen mit Salz abschmecken, mit
40 g geriebenem Parmesan-Käse	bestreuen
Garzeit:	Etwa 4 Minuten.

Parma-Bohnen, Rezept siehe oben

BUNTE EINTÖPFE

Dieses Kapitel ist köstlich-deftigen Eintopfgerichten gewidmet.

Ob mit frischem Gemüse oder mit Hülsenfrüchten zubereitet, die früher so stiefmütterlich behandelten Eintöpfe, die eigentlich mehr zur Entlastung der strapazierten Haushaltskasse eingeschoben wurden, findet man heute auf jeder internationalen Speisekarte.

Ganz eilige Hausfrauen können auch ein komplettes Menü im Schnellkochtopf zubereiten. Entsprechende Vorschläge enthält dieses Kapitel.

Spanischer Hühnertopf, Rezept Seite 78

Regeln

1. Den Schnellkochtopf höchstens bis zu ⅔ füllen.
2. Das vorbereitete Gemüse und die Kartoffeln zusammen mit dem Fleisch in den Schnellkochtopf geben; bei Gemüse, das nur eine kurze Garzeit benötigt, das Fleisch bis zu ⅔ der Garzeit vorgaren.
3. Eintöpfe und Menüs beim 2. Ring garen.

Spanischer Hühnertopf

(Abb. S. 76)

1 küchenfertiges Hähnchen (etwa 1 kg)	waschen, abtrocknen, in etwa 10 Stücke schneiden
4 Eßl. Olivenöl	im offenen Schnellkochtopf erhitzen, die Hähnchenteile von allen Seiten darin gut anbraten
2 rote Paprikaschoten	halbieren, entstielen, entkernen, die weißen Scheidewände entfernen, die Schoten waschen, in breite Streifen schneiden, zu dem Fleisch geben, kurze Zeit mitschmoren lassen
150 g Langkornreis	waschen, mit
300 g tiefgekühlten Erbsen etwa 200 g Champignonstücken (mit der Flüssigkeit aus der Dose)	hinzufügen
4 Eßl. Tomatenmark	unterrühren
1½ l Fleischbrühe (aus Brühwürfeln)	hinzugießen, mit
Salz Pfeffer Basilikum Rosmarin	würzen, den Schnellkochtopf schließen, garen lassen
Garzeit:	Etwa 8 Minuten.

Kasseler mit Sauerkraut

(Menü)

¼ l Wasser	in den Schnellkochtopf gießen, den gelochten Einsatz hineinstellen
4 Kasseler Koteletts (je etwa 200 g)	waschen, abtrocknen, nebeneinander in den Einsatz geben, den Schnellkochtopf schließen, etwa 15 Minuten garen lassen, den Topf öffnen
750 g Sauerkraut	in den ungelochten Einsatz geben
¼ l Wasser	
25 g Schweineschmalz	
2 Nelken	
1 Lorbeerblatt	
3 Wacholderbeeren	
Salz	
Zucker	hinzufügen, den Einsatz auf den unteren gelochten Einsatz stellen, den Schnellkochtopf schließen, etwa 5 Minuten garen lassen
Garzeit:	Etwa 20 Minuten.
Beigabe:	Kartoffelbrei.

Kartoffeln und Rosenkohl

(Menü)

¼ l Wasser	in den Schnellkochtopf gießen, den gelochten Einsatz hineinstellen
750 g Kartoffeln	schälen, waschen
1 kg Rosenkohl	putzen, waschen die Kartoffeln in den Einsatz geben, mit
Salz	bestreuen, den ungelochten Einsatz darauf stellen, den Rosenkohl hineingeben
30 g Butter	
Salz	
geriebene Muskatnuß	hinzufügen, den Schnellkochtopf schließen, garen lassen
Garzeit:	Etwa 10 Minuten.
Beigabe:	Kotelett oder Schnitzel.

Königsberger Klopse

(Menü)

¼ l Wasser	in den Schnellkochtopf gießen, den gelochten Einsatz hineinstellen
400 g Gehacktes (halb Rind-, halb Schweinefleisch)	mit
1 eingeweichten, ausgedrückten Brötchen	
1 Ei	
1 abgezogenen, gewürfelten Zwiebel	vermengen, mit
Salz	
Pfeffer	würzen, aus der Masse mit nassen Händen 8 gleichgroße Klopse formen
750 g Kartoffeln	schälen, waschen die Klopse in den Einsatz geben, den ungelochten Einsatz darauf stellen, die Kartoffeln hineingeben, mit Salz bestreuen, den Schnellkochtopf schließen, garen lassen Klopse und Kartoffeln in vorgewärmte Schüsseln geben, warm stellen
	für die Soße die Flüssigkeit aus dem Topf (¼ l) mit
¼ l Fleischbrühe (aus Brühwürfeln)	auffüllen, zum Kochen bringen
3 gestrichene Eßl. Weizenmehl	mit
5 Eßl. kaltem Wasser	anrühren, in die kochende Flüssigkeit rühren, zum Kochen bringen, etwa 5 Minuten kochen lassen
1 Eigelb	mit
2 Eßl. Sahne oder Dosenmilch	verrühren, die Soße damit abziehen
1 Eßl. Kapern	hinzufügen, die Soße mit Salz, Pfeffer abschmecken
Garzeit:	Für die Klopse und Kartoffeln etwa 12 Minuten.
Kochzeit:	Für die Soße etwa 5 Minuten.
Beigabe:	Eingelegte Rote Beete, Gewürzgurken.

Brasilianischer Bohnentopf

150 g Weiße Bohnen	24 Stunden in
1½ l kaltem Wasser	einweichen
100 g Zwiebeln	abziehen, würfeln
100 g durchwachsenen Speck	in Würfel schneiden, auslassen, Zwiebelwürfel,
1 abgezogene, zerdrückte Knoblauchzehe	darin andünsten, die Bohnen mit dem Einweichwasser hinzugeben
500 g Suppenfleisch (vom Rind)	waschen, zu den Bohnen geben, den Schnellkochtopf schließen, 20 Minuten kochen lassen von
400 g Weißkohl oder Wirsing	die schlechten äußeren Blätter entfernen, den Kopf achteln, den Strunk herausschneiden, den Kohl waschen, in Streifen schneiden
250 g Kartoffeln	schälen, waschen, in Würfel schneiden
100 g Langkornreis	
	nach Beendigung der Garzeit das Fleisch aus dem Topf nehmen, die vorbereiteten Zutaten hineingeben
1 Brühwürfel	hinzufügen, mit
Salz	
Pfeffer	kräftig würzen, das Fleisch darauf legen, den Schnellkochtopf schließen, nochmals 8–10 Minuten kochen lassen den Bohnentopf in eine vorgewärmte Suppenschüssel füllen, das Fleisch in Scheiben schneiden, in den Eintopf geben, mit
gehackter Petersilie	bestreuen
Kochzeit:	Etwa 30 Minuten.

Westfälischer Pfefferpotthast

Etwa 750 g Beinfleisch (vom Rind)	waschen, abtrocknen, in Würfel schneiden
50 g Schweineschmalz	im offenen Schnellkochtopf erhitzen, das Fleisch darin anbraten
500 g Zwiebeln	abziehen, würfeln, hinzufügen, durchschmoren lassen
1 l Fleischbrühe (aus Brühwürfeln)	hinzugießen, mit
Salz frisch gemahlenem weißem Pfeffer	würzen
1 Bund Suppengrün (z. B. Möhre, Porree, Sellerie)	putzen, waschen, in feine Streifen schneiden, hinzufügen den Schnellkochtopf schließen, garen lassen
2–3 Eßl. geriebenes Schwarzbrot	unter den Pfefferpotthast rühren
Garzeit:	Etwa 25 Minuten.
Beigabe:	Salzkartoffeln, Dillgurken, Rote Beete.

Polnischer Erbsentopf

250 g geschälte, grüne Erbsen	einige Stunden in
1¼ l kaltem Wasser	einweichen
2 Stangen Porree 2 Rote Rüben (Rote Beete) 100 g Sellerieknolle	
	das Gemüse putzen, waschen, Porree und Rote Rüben in feine Streifen, Sellerie in Würfel schneiden
60 g Schweineschmalz	im offenen Schnellkochtopf erhitzen, das Gemüse darin andünsten, die Erbsen mit dem Einweichwasser dazugeben, kurz aufkochen lassen, abschäumen

250 g	
geräucherte Mettwurst	waschen, in dicke Scheiben schneiden, hinzufügen, den Schnellkochtopf schließen, garen lassen den Erbsentopf mit
Salz	
Pfeffer	
etwas Suppenwürze	abschmecken, in eine vorgewärmte Suppenschüssel füllen
2 Zwiebeln	abziehen, in Ringe schneiden
40 g Schweineschmalz	erhitzen, die Zwiebelringe darin bräunen lassen, in das Gericht geben
Garzeit:	Etwa 10 Minuten.

Bigosch

100 g	
durchwachsenen Speck	in Würfel schneiden, im offenen Schnellkochtopf auslassen
20 g Margarine	hinzufügen
3 Zwiebeln	abziehen, würfeln, darin glasig dünsten lassen
500 g Schweineschulter	waschen, abtrocknen, in Würfel schneiden, hinzufügen
500 g	
vorbereiteten Weißkohl	waschen, fein schneiden oder hobeln
100 g Knoblauchwurst	in Scheiben schneiden, mit dem Weißkohl,
etwa 125 g Mischpilzen (mit der Flüssigkeit aus der Dose)	zu dem Fleisch geben
½ l Weißwein	hinzugießen
2 Knoblauchzehen	abziehen, fein hacken, mit
1 Eßl. Tomatenmark	
1 Teel. Kümmel	
1 Lorbeerblatt	unterrühren, mit
Salz	
Rosenpaprika	
Majoran	würzen, so viel
kaltes Wasser	hinzugießen, daß alle Zutaten gut bedeckt sind den Schnellkochtopf schließen, garen lassen
Garzeit:	Etwa 18 Minuten.

Minestrone

Italienische Gemüsesuppe

(Abb. nebenstehend)

1 Zwiebel	abziehen, würfeln
4 Eßl. Speiseöl	im Schnellkochtopf erhitzen, die Zwiebelwürfel darin glasig dünsten lassen
100 g Möhren	
100 g Sellerieknolle	
100 g Weißkohl	
1 Stange Porree	
	das Gemüse putzen, waschen, in Streifen schneiden
½ Kopf Blumenkohl	von Blättern, schlechten Stellen und dem Strunk befreien, in Röschen teilen, waschen
3 enthäutete Tomaten	vierteln
	das Gemüse zu den Zwiebelwürfeln geben, kurz durchdünsten lassen
1½ l Fleischbrühe	
(aus Brühwürfeln)	hinzugießen, zum Kochen bringen
100 g Spaghetti	in kleine Stücke brechen, mit
1 Eßl. Tomatenmark	in die Suppe geben, den Schnellkochtopf schließen, garen lassen
	die Minestrone mit
Salz	
Pfeffer	würzen
2 Knoblauchzehen	abziehen, zerdrücken, mit
1 Eßl. Schweineschmalz	in die Suppe rühren, mit
gehackter Petersilie	
geriebenem	
Parmesan-Käse	bestreuen
Garzeit:	Etwa 10 Minuten.

Minestrone, Rezept siehe oben

Zucker
Sauer-
kirschen

Katalonischer Gemüsetopf

(für 6–8 Personen)
(Abb. S. 48)

4 große Zwiebeln	abziehen, würfeln
60 g Schweineschmalz	im offenen Schnellkochtopf erhitzen, die Zwiebelwürfel darin glasig dünsten lassen
2 grüne Paprikaschoten	halbieren, entstielen, entkernen, die weißen Scheidewände entfernen, die Schoten waschen, in Streifen schneiden, kurze Zeit mitdünsten lassen
200 g Möhren	schrappen, waschen
250 g Kartoffeln	schälen, waschen beide Zutaten in Würfel schneiden, mit
300 g tiefgekühlten Erbsen	in den Schnellkochtopf geben
1¼ l Fleischbrühe (aus Brühwürfeln)	hinzugießen, mit
Salz *Pfeffer* *Rosmarin*	würzen, den Schnellkochtopf schließen, garen lassen
200 g rohen Schinken oder Schinkenspeck	in Streifen schneiden
2 hartgekochte Eier	pellen, in Scheiben oder Viertel schneiden, auf den Gemüseeintopf geben, mit
2 Eßl. gehackter Petersilie	bestreuen
Garzeit:	Etwa 10 Minuten.

Kirschmichel, Rezept Seite 105

Bremer bunte Finken

250 g Weiße Bohnen	über Nacht in
1½ l kaltem Wasser	einweichen, die Bohnen mit dem Einweichwasser,
500 g magerem Schweinebauch	im offenen Schnellkochtopf zum Kochen bringen, den Schnellkochtopf schließen, etwa 25 Minuten kochen lassen das Fleisch herausnehmen, in dünne Scheiben schneiden, warm stellen
200 g Kartoffeln	schälen, waschen, in Würfel schneiden
300 g tiefgekühlte Brechbohnen	
1 Möhre	
1 Stange Porree	
	beide Zutaten putzen, waschen, die Möhre in Würfel, die Porreestange in Streifen schneiden das Gemüse zu den Bohnen geben
1–2 Brühwürfel oder ½ l Fleischbrühe (aus Brühwürfeln)	
etwas Bohnenkraut	hinzufügen, mit
Salz	
Pfeffer	würzen, den Schnellkochtopf schließen, etwa 10 Minuten kochen lassen den Eintopf mit
2 Eßl. gehackter Petersilie	bestreuen, das Fleisch kranzförmig darauf anrichten
Kochzeit:	Etwa 35 Minuten.

Pichelsteiner

25 g Rindermark	waschen, in kleine Würfel schneiden, im offenen Schnellkochtopf auslassen
500 g schieres Fleisch (zu gleichen Teilen Rind, Schwein, Hammel)	waschen, abtrocknen, in Würfel schneiden, unter Rühren in dem Fett anbraten
2 Zwiebeln	abziehen, würfeln, mitschmoren lassen
50 g Sellerieknolle	
150 g Möhren	
1 Stange Porree	
250 g Weißkohl oder Wirsing	
300 g Kartoffeln	
	das Gemüse putzen, waschen, in Würfel schneiden, zu dem Fleisch geben, so viel von
1 l Fleischbrühe (aus Brühwürfeln)	hinzugießen, daß das Gemüse bedeckt ist, mit
Salz	
Pfeffer	
Majoran	würzen, den Schnellkochtopf schließen, garen lassen
	den Eintopf mit
1 Eßl. gehackter Petersilie	bestreuen
Garzeit:	Etwa 15 Minuten.

Siebenbürger Paprikatopf

300 g durchwachsenen Speck	in Würfel schneiden, im offenen Schnellkochtopf auslassen
6 grüne Paprikaschoten	halbieren, entstielen, entkernen, die weißen Scheidewände entfernen, die Schoten waschen, in etwa 1 cm breite Streifen schneiden
2 große Zwiebeln	abziehen, würfeln, mit den Paprikastreifen zu dem Speck geben, durchdünsten lassen
500 g Kartoffeln	schälen, waschen, in kleine Würfel schneiden, zu dem Gemüse geben

1 l Fleischbrühe (aus Brühwürfeln)	hinzugießen, mit
Salz Paprika edelsüß Selleriesalz	würzen, den Schnellkochtopf schließen, etwa 8 Minuten kochen lassen
300 g enthäutete Tomaten	in große Würfel schneiden, zu dem Eintopf geben, im offenen Schnellkochtopf noch etwa 2 Minuten kochen lassen
¼ l saure Sahne	unterrühren, nach Belieben mit
2 Eßl. gehackter Petersilie	bestreuen
Kochzeit:	Etwa 10 Minuten.

KARTOFFELN, NUDELN REIS UND KNÖDEL

Was wäre das delikateste Fleisch- oder Fischgericht ohne die entsprechende Beilage.

Kugelrunde Klöße oder Knödel aus Kartoffeln oder Semmeln mit Kräutern und Speck, körniger Reis, Nudeln oder unser „liebstes Gemüse" – die Kartoffeln – in allen nur denkbaren Variationen gehören bei uns zu einer kompletten Mahlzeit.

Regeln

A) Kartoffeln

1. Salz- oder Pellkartoffeln im gelochten Einsatz garen.
2. So viel Wasser in den Schnellkochtopf füllen (etwa ¼ l), daß der Einsatz etwa 2 cm im Wasser steht.
3. Salzkartoffeln benötigen eine Garzeit von 6–8 Minuten; Pellkartoffeln von 10–12 Minuten.
4. Kartoffeln beim 2. Ring garen.

B) Teigwaren – Nudeln

1. Wegen der unterschiedlichen Art der Teigwaren ergeben sich abweichende Garzeiten.
2. Teigwaren grundsätzlich in reichlich kochendem Salzwasser beim 2. Ring garen.
3. Sehr dünne Teigwaren – z. B. Suppennudeln – können im geöffneten Schnellkochtopf gegart werden.

C) Reis

1. Reis kann direkt im Schnellkochtopf oder auch im ungelochten Einsatz gegart werden.
2. Reis beim 2. Ring garen.

D) Klöße – Knödel

1. Klöße und Knödel möglichst im gelochten Einsatz beim 1. Ring garen.
2. So viel Wasser in den Schnellkochtopf füllen (etwa ¼ l), daß der Einsatz etwa 2 cm im Wasser steht.

Schinkennudeln

1 l Salzwasser	in den Schnellkochtopf gießen
250 g Nudeln (z. B. Eierröllchen)	
etwas Speiseöl	hinzufügen, den Schnellkochtopf schließen, etwa 1 Minute garen lassen, den Topf von der Kochstelle nehmen, langsam abdampfen lassen die garen Nudeln auf ein Sieb geben, mit kaltem Wasser übergießen
40 g Butter	im offenen Schnellkochtopf zerlassen
150 g rohen Schinken (in Streifen geschnitten)	darin anbraten, die Nudeln hinzufügen, unter Rühren erhitzen, mit
20 g geriebenem Parmesan-Käse	bestreuen die Schinkennudeln zu Gulasch oder Ragout reichen.

Pikante Nudeln

1½ l Salzwasser	in den Schnellkochtopf gießen
250 g Bandnudeln	
etwas Speiseöl	hinzufügen, den Schnellkochtopf schließen, garen lassen, bis der 2. Ring hochkommt, den Topf von der Kochstelle nehmen, langsam abdampfen lassen die garen Nudeln auf ein Sieb geben, mit kaltem Wasser übergießen
50 g Butter	im offenen Schnellkochtopf zerlassen
20 g Semmelmehl	leicht darin bräunen lassen, die Nudeln,
1 Eßl. gehackte Petersilie	hinzufügen, unter Rühren erhitzen die pikanten Nudeln zu Gulasch oder Tomaten-Fleischsoße reichen.

Lyoner Kartoffeln

1 kg Kartoffeln	schälen, waschen, in große Würfel schneiden
30 g Schweineschmalz	im offenen Schnellkochtopf erhitzen
2 große Zwiebeln	abziehen, in Scheiben schneiden, in dem Schmalz goldgelb dünsten lassen
1 Eßl. Weizenmehl	darüber stäuben
¼ l Weißwein	hinzugießen, gut verrühren die Kartoffeln hineingeben, mit
Salz	
Pfeffer	würzen, den Schnellkochtopf schließen, garen lassen
1 Teel. Weizenmehl	mit
1 Eßl. kaltem Wasser	anrühren, unter die Kartoffeln rühren, kurz aufkochen lassen
Garzeit:	Etwa 10 Minuten.

Emmentaler Käsekartoffeln

(Abb. nebenstehend)

1 kg Kartoffeln	schälen, waschen, in Scheiben schneiden
50 g Speck	in Würfel schneiden, im offenen Schnellkochtopf auslassen
2 Zwiebeln	abziehen, in Scheiben schneiden, in dem Speck hellgelb dünsten lassen, die Kartoffelscheiben hinzufügen
100 g geriebenen Emmentaler Käse	darüber streuen, mit
Salz	
Pfeffer	
Majoran	würzen, gut verrühren
¼ l Fleischbrühe (aus Brühwürfeln)	hinzugießen, den Schnellkochtopf schließen, garen lassen die Käsekartoffeln mit
2 Eßl. feingeschnittenem Schnittlauch	bestreuen
Garzeit:	Etwa 12 Minuten.

Emmentaler Käsekartoffeln, Rezept siehe oben

Zimt &

Risi Bisi

1 Zwiebel	abziehen, würfeln
5 Eßl. Speiseöl	im offenen Schnellkochtopf erhitzen, die Zwiebelwürfel darin andünsten
250 g Langkornreis	waschen, dazugeben, leicht glasig dünsten lassen
300 g tiefgekühlte Erbsen	hinzufügen
½ l Fleischbrühe (aus Brühwürfeln)	hinzugießen, mit
Salz	
Pfeffer	würzen, den Schnellkochtopf schließen, garen lassen
60 g geriebenen Emmentaler Käse	unter den Reis rühren
Garzeit:	Etwa 8 Minuten.

Risotto Pomodoro

2 Zwiebeln	abziehen, würfeln
5 Eßl. Speiseöl	im offenen Schnellkochtopf erhitzen, die Zwiebelwürfel darin andünsten
3 enthäutete Tomaten	vierteln, in Würfel schneiden, zu den Zwiebeln geben, mitdünsten lassen
250 g Langkornreis	waschen, dazugeben, leicht glasig dünsten lassen
⅜ l Tomatensaft (aus der Dose)	
⅛ l Fleischbrühe (aus Brühwürfeln)	hinzugießen, mit
Salz	
Pfeffer	
Oregano	würzen, den Schnellkochtopf schließen, garen lassen
50 g geriebenen Emmentaler Käse	unter den Reis rühren
Garzeit:	Etwa 8 Minuten.

Milchreis, Rezept Seite 105

Kartoffelklöße

¼ l Wasser	in den Schnellkochtopf gießen, den gelochten Einsatz hineinstellen
750 g Kartoffeln	waschen, in den Einsatz geben, den Schnellkochtopf schließen, kochen lassen
	die Kartoffeln pellen, noch heiß durch die Presse geben, mit
1 Ei, Salz	
geriebener Muskatnuß	
etwa 125 g Weizenmehl	verkneten
	aus dem Teig mit bemehlten Händen Klöße formen
¼ l Wasser	in den Schnellkochtopf gießen, den gelochten Einsatz hineinstellen, die Klöße hineingeben, den Schnellkochtopf schließen, garen lassen
Kochzeit:	Für die Kartoffeln etwa 12 Minuten.
Garzeit:	Für die Klöße etwa 12 Minuten.

Semmelknödel

6 alte Semmeln	
(Brötchen, etwa 250 g)	in etwa 2 mm dicke Blättchen schneiden, mit
⅜ l heißer Milch	übergießen, etwa 1 Stunde stehenlassen
1 Zwiebel	abziehen, würfeln
60 g Speck	in kleine Würfel schneiden, auslassen, die Zwiebelwürfel darin hellgelb dünsten, abkühlen lassen, mit
100 g Weizenmehl	unter die gequollenen Semmeln (Brötchen) rühren
2 Eier	
2 Eßl. gehackte Kräuter	
6 g (2 gestrichene Teel.)	
Backpulver Backin	unterrühren, die Masse mit
Salz	abschmecken, mit nassen Händen Knödel daraus formen
¼ l Wasser	in den Schnellkochtopf gießen, den ungelochten Einsatz hineinstellen, die Semmelknödel hineingeben, den Schnellkochtopf schließen, garen lassen
Garzeit:	Etwa 6 Minuten.

PIKANTE PUDDINGE

Beliebt als Hauptgericht mit Salaten oder als leckere Abendmahlzeit sind pikante Puddinge.

Im Schnellkochtopf problemlos zubereitet, können sie warm oder kalt verzehrt werden.

Regeln

1. Die Masse stets im ungelochten Einsatz garen.
2. So viel Wasser in den Schnellkochtopf füllen (etwa ¼ l), daß der Einsatz etwa 2 cm im Wasser steht.
3. Pikante Puddinge beim 1. Ring garen.
4. Nach dem Garen den Pudding noch kurze Zeit in dem Einsatz stehenlassen, da er sich dann besser löst.

Mailänder Makkaronipudding

250 g Makkaroni	in fingerlange Stücke brechen, in
1½ l kochendes Salzwasser	geben, zum Kochen bringen, gar kochen lassen, auf ein Sieb geben, mit kaltem Wasser übergießen
1 Zwiebel	abziehen, fein würfeln
50 g Butter oder Margarine	zerlassen, die Zwiebelwürfel darin glasig dünsten lassen
100 g Champignons (aus der Dose)	abtropfen lassen, in Streifen schneiden
2 enthäutete Tomaten	in Würfel schneiden Champignons und Tomaten zu den Zwiebeln geben, kurze Zeit mitdünsten lassen, mit den Makkaroni vermengen, mit
Salz *Pfeffer* *Oregano*	würzen
gehackte Petersilie	unterrühren
3 Eier *¼ l Sahne* *50 g geriebenen Parmesan-Käse*	verrühren, die Makkaroni-Masse in den ungelochten, gefetteten Einsatz des Schnellkochtopfes füllen die Eier-Käse-Sahne über die Makkaroni gießen
¼ l Wasser	in den Schnellkochtopf gießen, den Einsatz hineinstellen den Schnellkochtopf schließen, garen lassen
Garzeit:	Etwa 10 Minuten.
Beigabe:	Gurken-Tomatensalat.

Bäuerlicher Fleischpudding

500 g Gehacktes (halb Rind-, halb Schweinefleisch)	
1 Zwiebel	abziehen, würfeln
3 Eier	
2 eingeweichte Brötchen	gut ausdrücken
	alle Zutaten miteinander vermengen, mit
Salz	
Pfeffer	
geriebener Muskatnuß	würzen
50 g geriebenen Käse	
4 Eßl. Sahne	unterrühren
	die Masse in den ungelochten, gefetteten Einsatz des Schnellkochtopfes füllen
¼ l Wasser	in den Schnellkochtopf gießen, den Einsatz hineinstellen, den Schnellkochtopf schließen, garen lassen
	den Fleischpudding auf eine Platte stürzen, warm oder kalt servieren
Garzeit:	Etwa 15 Minuten.
Beigabe:	Stangenweißbrot, gemischter Salat.

UND HINTERHER – ETWAS LECKERES, SÜSSES

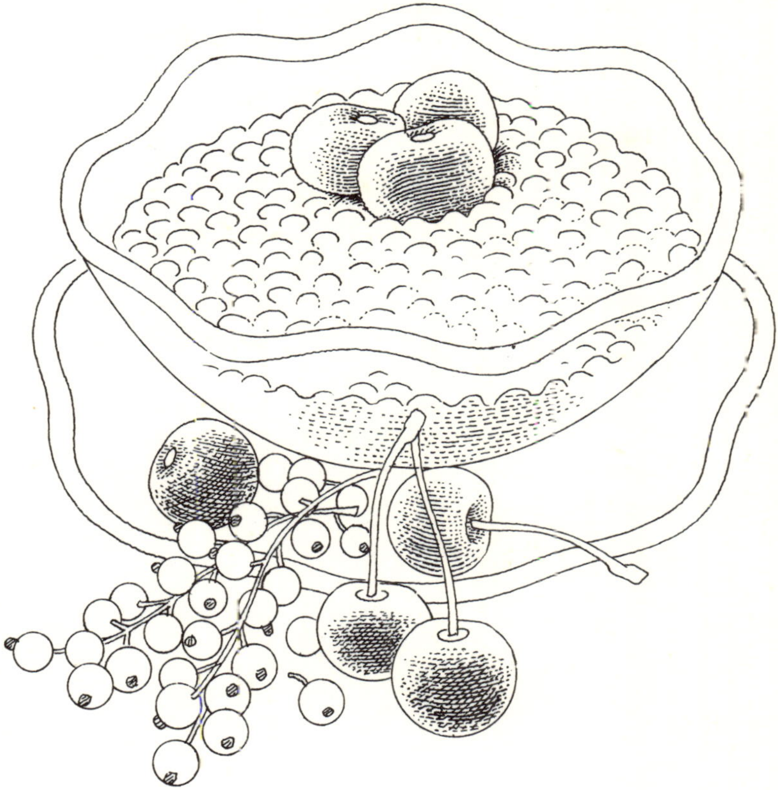

Eine leckere Nachspeise ist der beliebte Abschluß einer gelungenen Mahlzeit. In der warmen Sommerzeit, wenn der Appetit nicht sehr groß ist, kann ein gekühltes, leichtes Dessert sogar die Hauptmahlzeit ersetzen.

Ohne viel Mühe können auch im Schnellkochtopf solche köstlichen Nachspeisen zubereitet werden. Hübsch garniert, erfreuen sie das Auge und schmecken der ganzen Familie.

Regeln

1. Nachspeisen im ungelochten Einsatz garen.
2. So viel Wasser in den Schnellkochtopf füllen (etwa ¼ l), daß der Einsatz etwa 2 cm im Wasser steht.
3. Nachspeisen beim 1. Ring garen.
4. Nach dem Garen die Nachspeise noch kurze Zeit in dem Einsatz stehenlassen, da sie sich dann besser löst.

Kirschmichel

(Abb. S. 86)

250 g Zwieback	zerbröckeln, mit
¼ l heißer Milch	übergießen
50 g Butter	mit
100 g Zucker	
3 Eigelb	schaumig rühren
500 g entsteinte Sauerkirschen (aus dem Glas)	abtropfen lassen
3 Eßl. abgezogene, gehobelte Mandeln	
	alle Zutaten miteinander vermengen
3 Eiweiß	zu steifem Schnee schlagen, unter die Masse heben, in den ungelochten Einsatz des Schnellkochtopfes füllen
¼ l Wasser	in den Schnellkochtopf gießen, den Einsatz hineinstellen, den Schnellkochtopf schließen, garen lassen
	den Kirschmichel in dem Einsatz servieren
Garzeit:	Etwa 10 Minuten.
Beigabe:	Vanille-Soße.

Milchreis

(Abb. S. 96)

250 g Milchreis	waschen, abtropfen lassen
50 g Butter	im offenen Schnellkochtopf zerlassen, den Reis dazugeben
1 l Milch	
100 g Zucker	
1 Stange Zimt	hinzufügen, gut verrühren
	den Schnellkochtopf schließen, garen lassen
Garzeit:	Etwa 10 Minuten.
Beigabe:	Gebräunte Butter, Zucker und Zimt, Kompott.

Piraten-Pudding

5 Bananen	schälen, im Mixer pürieren, mit
200 g feinem Semmelmehl	
3 Eiern	
150 g Zucker	
1 Päckchen Vanillin-Zucker	
¼ l Milch	
1 Messerspitze gemahlenem Zimt	
Saft von 2 Zitronen	
50 g zerlassener Butter	
4 Eßl. Rum	
3 Eßl. Eierlikör	gut verrühren, die Masse in den ungelochten Einsatz des Schnellkochtopfes füllen
¼ l Wasser	in den Schnellkochtopf gießen, den Einsatz hineinstellen, den Schnellkochtopf schließen, garen lassen
	den Pudding auf eine Platte stürzen, mit
heißem Rum	begießen, anzünden
Garzeit:	10–13 Minuten.

Feiner Apfel-Pudding

300 g Zwieback	zerbröckeln, mit
¼ l heißer Milch	übergießen
50 g Butter oder Margarine	mit
100 g Zucker	
4 Eigelb	schaumig rühren, den Zwieback unterrühren
2 große Äpfel	schälen, vierteln, entkernen, mit
Rum	
gemahlenem Zimt	abschmecken
2 Eiweiß	zu steifem Schnee schlagen, unter die Masse heben, in den ungelochten Einsatz des Schnellkochtopfes füllen

¼ l Wasser	in den Schnellkochtopf gießen, den Einsatz hineinstellen, den Schnellkochtopf schließen, garen lassen den Pudding auf eine Platte stürzen
Garzeit:	Etwa 10 Minuten.
Beigabe:	Vanille- oder Weinschaum-Soße.

REZEPT-VERZEICHNIS